関西学院大学研究叢書　第273編

「は」と「が」を どう教えるか

中国語話者の誤用を手がかりに

肥田栞奈
Kanna Hida

関西学院大学出版会

「は」と「が」をどう教えるか
中国語話者の誤用を手がかりに

目 次

第1章 本書の研究基盤 ——————————— 1
1.1 日本語教育における「は」と「が」にまつわる問題　1
1.2 研究目的と研究の手順　5
1.3 本書の構成　6

第2章 先行研究と研究方法 ——————————— 9
2.1 「は」と「が」の捉え方と指導に際する問題点　9
2.2 「は」と「が」にまつわる術語の曖昧性に関する問題点　22
2.3 本書の立場　23

第3章 誤用からみる「は」と「が」の構文的制約 ——————— 31
3.1 「は」と「が」の誤用からみる形式的構文制約　34
3.2 「は」と「が」の誤用からみる意味的構文制約　50
3.3 「は」と「が」の誤用からみるパラグラフ的構文制約　69

第4章 誤用からみる「は」と「が」の基本的機能 ——————— 91
4.1 選択次元からみる「は」と「が」の選択決定要因　91
4.2 無助詞からみる「は」と「が」の選択決定要因　104
4.3 等位的複文の誤用からみる「は」と「が」の意味機能　118

第5章　日本語教育における「は」と「が」の指導法 ── 141

    5.1　世界の言語における「主語」と「主題」　142
    5.2　「主語」・「主題」と助詞との関係性　145
    5.3　「主語」の決定要因と「は」・「が」の決定要因の近似性　147
    5.4　「は」と「が」の基本的機能　151
    5.5　「は」と「が」の基本的機能に基づく指導の提案　156

第6章　日本語教育において「は」と「が」をどう教えるか ── 161

    6.1　「は」と「が」の指導手順の提案　161
    6.2　今後の課題　163

参考文献　165
おわりに　169
索　引　173

※　図表について、出典表記がないものはすべて筆者作成による。

第1章

本書の研究基盤

1.1　日本語教育における「は」と「が」にまつわる問題

1.1.1　「は」と「が」の習得の現状

　日本語教育において、「は」と「が」は一般的に、「主語」や「主題」のマーカーとされており、習得が困難な学習項目の1つとされている。たとえば、杉本（2012）によると、ベトナム人日本語学習者の「は」と「が」の誤用は「誤用の傾向が認められるものの誤回答がいくつかに分散していて単純に扱えないもの」（p.102）であるとされている。また、高木（2014）では、韓国人留学生の自然発話において特に目立つ誤用として、「は」と「が」が挙げられている。

　さらに、実際、日本語学習者の誤用を観察してみると、「は」と「が」の誤用はたしかによくみられる。たとえば、『YUK タグ付き中国語母語話者日本語学習者作文コーパス』[1] Ver.10 において、「は」と「が」の誤用をみてみると、「が」の誤用は「格助詞」の誤用の 27.99％（図1-1）、「は」の誤用は「提題助詞」の誤用の 86.69％（図1-2）を占めており、ほかの誤用に比べても多いという事実がうかがえる。

　同時に、「は」と「が」の不使用や過剰使用、混用[2]といった「は」と「が」のみが関わっている誤用だけをみてみても、7,376 例みられる（誤用の内訳は図1-3を参照）。

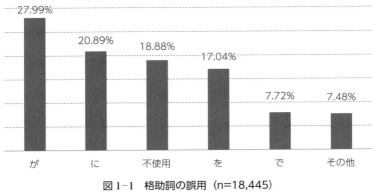

図1-1 格助詞の誤用（n=18,445）

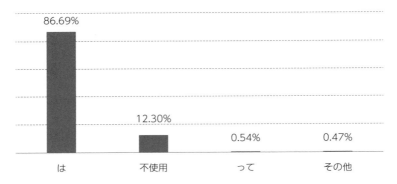

図1-2 提題助詞の誤用（n=4,846）

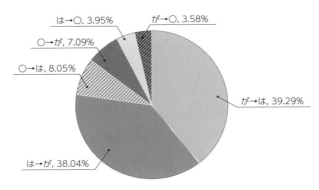

図1-3 「は」と「が」の誤用（n=7,376）

以上から、「は」と「が」の誤用はほかの誤用に比べて多いと同時に、「は」と「が」のみが関わっている誤用も非常に多いということがわかる。ここから、学習者にとって「は」と「が」の習得が難しいという現状がうかがえる。

1.1.2 研究基盤としての「研究の視点」

以上のように、「は」と「が」は習得が困難な項目の1つであるが、それと同時に、文法分析の観点からの研究の蓄積が特に多い項目でもある。たとえば、日本語学や日本語教育の研究における「主語」の観点から「は」と「が」の意味機能を明らかにする研究については、長きにわたる相当な蓄積がある（湯川1967；尾上2004など）。また、新情報・旧情報などといった前後文脈や談話機能における「は」と「が」の意味機能を明らかにする研究（大野1978など）や、主に意味論の立場から「は」と「が」を「主体」のマーカーとしてその意味機能を明らかにする研究（野田1996；日本語記述文法研究会編2009aなど）など、日本語学や日本語教育において「は」と「が」の研究は多岐にわたる。そして、それらの研究成果は教育現場や教科書、参考書などにおいても適用されている事例がある（『初級日本語げんきⅠ（第2版）』『新編日語1』[3]『新完全マスター文法　日本語教育試験N2』など）。このように、これまでの「は」と「が」の研究は文法分析の観点から網羅的に研究が行われており、その蓄積からみれば、既にすべての使用条件について解明されていても不自然ではない。

それにもかかわらず、先に述べたように、依然として誤用は多く、学習者の習得にはなかなかつながらないのが現状である。では、「は」と「が」の誤用を解決するには、どうすれば良いのか。仮にこれまでの研究に重大な欠陥がないとすれば、次に行うべきなのは、研究の視点の変更であると考えられる。

たとえば、近年盛んな研究の1つである誤用研究（于2013；中嶌2018など）が挙げられる。これまでの研究では、新聞や小説、議事録といった日本語母語話者が産出した日本語を対象として、その使用条件について明ら

かにすることを目的としたものが中心であったが、誤用研究は、より学習者の視点に近づいた状態で、なぜその誤用が起こったのかを明らかにすることを目的とするものである。特に誤用研究は、「学習者の視点」により近い形で研究が行われるという点に特徴があると考えられる。これは、文が作成者の思考が反映された産出物であるという点に起因する。つまり、誤用研究で研究対象となる文が学習者によって作成されたものであることを踏まえると、「学習者の思考が反映された産出物」を研究対象とすることになるため、「学習者の思考」を垣間みることにつながる。そのため、母語話者のデータを対象とした場合と比べると、より学習者の視点に近づけられることになる。そして学習者の視点に近づくことによって、これまで日本語母語話者のデータのみでは明らかにすることができなかった学習者の誤用の根源を探ることを可能とし、日本語教育の現場に直結する形で研究を行うことができるという意味で、非常に重要な視点であると考えられる。

　このように、研究の視点を変えることは、特に言語教育という観点から考えると、母語話者にとっては、これまで何ら問題と思われていなかったような学習者独自の問題に目を向けるきっかけとなり得るという点で、非常に有意義であるといえよう。そこで日本語教育に還元することを目的としている本書においても、研究の視点の変更、つまり、学習者視点の導入という意味で、誤用分析を取り入れることとする。しかし一方で、データの視点を変えるだけでは、根本的な解決につなげるには難しい点があると思われる。なぜなら、データからみえることと、現状の日本語教育における指導との整合性を確認したうえで、より効率的に指導する方法を検討しないことには、なかなか学習者の日本語の習得にはつながらないためである。そこで本書はまず、日本語教育における「は」と「が」の指導のうち、たとえば「が」は主語のマーカーであるといった類いの、特にこれまで「当たり前」とされてきた点を整理し、それらを批判的に考察したうえで問題点を提示したい。

　まず、「当たり前」とされてきた点について考察するために、従来の研究の中で、「当たり前」として扱われているものが何かについて考えてみたい。再度、「は」と「が」に関する先行研究をみてみると、どの研究に

おいても当然のように用いられているものの1つとして、「主語」や「主題」といった文法用語が挙げられる。そこで次に、「主語」や「主題」についての先行研究をみてみると、その定義は研究者によって大きく異なることもあり、統一されていないことがうかがえる。その事実は、助詞との関係性に注目してみると、さらに明白となる。たとえば「主語」について取り上げても、「が」のみを「主語」マーカーとする説（丹羽 2014a など）や、「が」「の」「に」をすべて主語マーカーと見なす説（柴谷 1978 など）、「は」も「が」も「主語」マーカーとして扱う説（竹林 2020 など）などというように様々な説が存在する。ここから、「主語」や「主題」の説明の際には、「は」や「が」でマークされるという点に言及しても問題ないが、「は」と「が」の説明の際に「主語」や「主題」などの文法用語を用いることには注意が必要であるということがわかる。なぜなら、たとえば「が」が「主語」以外のものを表したり、「は」がなくても「主題」を提示していたりする場合があるためである。しかし、これまでの研究では、上述したように、「は」と「が」は「主語」や「主題」のマーカーであるということを前提として研究が行われており、そのような文法用語と助詞との関係性に対して真っ向から疑問を呈し、それを中心として議論が行われるということは、日本語教育の分野においては活発ではないようである。そこで、「は」と「が」の基盤とされている「主語」や「主題」という概念と、助詞との関係性について、原点に立ち返って考えることで、根本的な問題を解決しようというのが、本書における研究の基盤である。

1.2　研究目的と研究の手順

　以上を踏まえ本書では、「は」と「が」の習得にまつわる問題を解決する方法を文法用語の観点から検討し、そのうえで「は」と「が」の誤用分析を行うことで、指導法の再考と再構築を行うことを研究の目的とする。
　具体的な研究手順は以下のようになる。

① 日本語教育における「は」と「が」の指導基盤を概観し問題点を明

らかにする。
② 従来の「は」と「が」の研究を文法用語の観点から再整理し、問題点を明らかにする。
③ 誤用分析を通して「は」と「が」の機能を明らかにする。
④ 日本語教育における「は」と「が」の指導手順を提案する。

1.3　本書の構成

本書の構成は、以下のとおりである。

第1章では、日本語教育における「は」と「が」の習得の現状と先行研究を踏まえ、これまで不足していた学習者のデータに基づく分析の重要性を指摘する。さらに、「は」と「が」が文法項目として扱われてきた点に着目し、「は＝主題」「が＝主語」のように助詞を文法項目として説明することの問題点を明らかにする。そのうえで、「は」と「が」の問題を解決する方法を文法用語の観点から検討し、「は」と「が」の誤用分析を行うことで、指導法の再考と再構築を行うという点を本書の目的として提示する。

第2章では、日本語教育における指導を概観したうえで、先行研究において「は」と「が」がどのように捉えられてきたのかについて「主語」「主題」「主格」「主体」の4つの術語を踏まえたうえで明らかにし、問題点の指摘を行う。そしてそのうえで、従来の研究成果を踏まえつつ、日本語教育により即した研究方法と研究対象である「誤用」の分析を行うことでその問題が解決されるという点を述べる。

第3章では、まず従来の研究において統語や意味、語用といった様々な視点からの研究成果が教科書において多く反映されている一方で、構文の視点からの研究成果は多くない点に着目し、従来の構文の視点からの研究の問題を指摘する。そのうえで、「は」と「が」の誤用データを基に、構文的制約について明らかにする。具体的な手順は、従来の研究でも言及されてきた「形式的構文制約」および「意味的構文制約」について誤用の分

析を通して考察を行う。さらに、従来明らかにされてこなかった「広義の構文」としての「パラグラフ的構文制約」についても誤用の分析を通して考察を行う。

　第4章では、「は」と「が」の基本的機能について誤用データの分析を基に明らかにする。まず、「は」と「が」の選択基準について「次元」の観点から分析・考察を行う。次に「無助詞」の誤用に着目し、助詞の基本的機能について明らかにしたうえで、形容詞述語における「は」と「が」の誤用データの分析を通して「は」と「が」の基本的機能としての意味機能を考察する。

　第5章では、第4章までの分析および考察の結果を踏まえ、「は」と「が」の問題を解明する方法を文法用語の観点から検討し、そのうえで「は」と「が」の指導の方向性を提示し、第6章では、まとめとして、本書の結論および今後の課題について述べる。

注

1　『YUKタグ付き中国語母語話者日本語学習者作文コーパス』とは、関西学院大学の于康氏によって開発された中国語を母語とする日本語学習者の作文を中心とした誤用コーパスである。当該コーパスは条件付き公開。1つの作文につき、添削者は2名の日本語母語話者で、添削者のうち1名は、日本語教育経験者、あるいは現役の日本語教員である。データの内訳は以下のとおりである。
　①ファイル数：4,038　文字数：5,849,605　タグ数：208,494
　②56校の大学（中国の大学50校，日本の大学6校）から集めた学部生、大学院生、日本語教員の作文（感想文、研究計画書、レポート、宿題、メール、翻訳、外交通訳の録音資料、卒業論文、修士学位論文、博士学位論文）と日本の大学や会社に在職中の教員と会社員の作文（数は少量）。
　③日本語学習歴（使用歴を含む）は3か月から34年まで。
　④正用タグと文法タグの2種類がある。たとえば、「かれは自転車〈格助詞／に→で〉大阪に行きました」における「正誤タグ」は、「〈に→で〉」であり、「文法タグ」は「格助詞」である。なお、上述のタグ数は、延べ数で表示している。
2　本書における「不使用」と「過剰使用」、「混用」についての定義は2.3.1.2を参照のこと。
3　《新編日语1》を指す。なお、論文内では日本語で表記している。

第2章

先行研究と研究方法

2.1 「は」と「が」の捉え方と指導に際する問題点

2.1.1 日本語教育における「は」と「が」の指導

　本節では、日本語教育における「は」と「が」の指導の現状を概観したい。日本語教育における「は」と「が」の指導について概観する方法として、指導基盤となる教科書を参照するということが挙げられる。もちろん、教育現場においては必ずしも教科書がすべて正しいという前提で扱われているわけではない。しかし、教科書が最も基本的な教材として扱われることが多いというのも一般的な事実であると思われる。その点において、教科書を参照することは指導基盤を検討するうえで有効であると考えられる。したがって、以下では教育現場で用いられている教科書における記述を参照することとする。

　日本語教育において使用されている教科書において、「は」と「が」は「主語」・「主題」・「主格」・「主体」などの用語を用いて説明されている（表2-1）。

表 2-1　日本語教科書における「は」と「が」の文法説明[1]

テキスト名		説明
『新大学日本語（第 2 冊）』[2]	は	提示助詞，提示主題。(pp. 59–60) ／助詞である。主題を表す。
	が	格助詞。表示主語。(p. 61) ／格助詞。主語を表す。
『総合日語 1』[3]	は	〈主語（話題）〉接在名詞后面表示句子的主語，一般也就是話題。(p. 39) ／〈主語（話題）〉名詞の後ろに接続し、文の主語を表し、一般的に話題である。
	が	(p. 97) 表示主語等。 ／主語などを表す。 (p. 101) 〈主体（主語、疑問）〉格助詞 "が" 接在句子名詞后面，一般句子中做主語。 ／〈主体（主語、疑問）〉格助詞「が」は名詞の後ろに接続し、一般的に文において主語となる。
『新編日語 1』[4]	は	(p. 28)「は」接在名詞后面提示主題。 ／「は」は名詞に接続し、主題を表す。
	が	(p. 101)「が」是格助詞，表示存在的主体。 ／「が」は格助詞で、存在の主体を表す。 (p. 133) 〈主体〉格助詞 "が" 接在名詞后面构成句子的主語。 ／〈主体〉格助詞「が」は名詞の後ろに接続するもので文の主語である。
『新編日語語法教程』[5]	は	(p. 356) 表示主題。／主題を表す。
	が	(p. 264) 主格助詞：が、の／主格助詞：が、の
『初級日本語げんきⅠ（第 2 版）』	は	(p. 42) X は Y です：Sentences without subjects are very common in Japanese；Japanese speakers actually tend to omit subjects whenever they think it is clear to the listener what or who they are referring to.（略）「＿＿はにほんごです。」（略）Where ＿＿ stands for the thing that is talked about, or the "topic", which is later in the sentence identified as nihongo. ／X は Y です：主語のない文は日本語においてよくみられる。日本語話者は聞き手にとって主語が何かが明らかであると考えられる際には、主語を省略する傾向にある。（略）「＿＿はにほんごです。」の「＿＿」に相当するのは、話しているもの、あるいは日本語の文の後半にみられるいわゆる「主題」である。
	が	(p. 107) X があります means "there is /are X (nonliving thing). The particle が introduces, or presents, the item X. You can use あります when you want to say that there is something at a certain location.（略）Three, the thing description is usually followed by the particle が, rather than は. ／「X があります」は「there is /are X（無生物）」を意味する。助詞「が」は項目 X を提示する。「あります」は何かがその場所に存在するということを述べたいとき使用される。（略）3 つ目に、物について描写する際には、通常は「は」より「が」のほうがよく用いられる。

(原文／筆者訳の順に記載)

表 2-1 のように、日本語教科書をみる限りでは、学習者は「は」と「が」を「主語」・「主題」・「主格」・「主体」という 4 つの術語に基づいて学習しているということになる。一方で、それら 4 つの術語はそれぞれの教科書において必ずしも 4 つすべてが登場するわけではなく、教科書によって使用される術語が異なっていることがわかる。その理由を検討するためには、それぞれの術語がどのようなものなのかについて明らかにする必要がある。そこで次節では「主語」・「主題」・「主格」・「主体」の定義と「は」と「が」の関係性について先行研究を基に整理を行うこととする。なお、「主語」・「主題」・「主格」・「主体」といった術語は、従来、日本語学の研究において説明が行われてきたものであることを踏まえ、次節では日本語学における定義を概観することとする。

2.1.2　先行研究における「は」・「が」と 4 つの術語の関係性

2.1.2.1　「は」・「が」と「主語」・「主題」・「主格」・「主体」

本節では、これまでの研究における「主語」・「主題」・「主格」・「主体」の定義および「は」・「が」と 4 つの術語との関係性を踏まえたうえで、日本語教育における「は」と「が」の扱い方を再考する。

まずは「主語」と「は」・「が」についてみてみたい。日本語記述文法研究会編（2009a, pp.7-8）では、「格助詞の中には主語や目的語といった文法関係を表すという文法的な性質が強いものと、起点や手段といった意味関係を表すという意味的な性質が強いものがある」とされ、「文法的な性質が強いものを文法格といい、意味的な性質が強いものを意味格」としたうえで、「『が』『を』は文法格である」と述べられている。ここから、「が」は「文法格」つまり「文法的な性質が強いもの」であるということがわかる。さらに、丹羽（2006, p.62）において、「本書の立場は、これまで述べてきた通り、ガ格が主語である」と述べられていることを踏まえると、「が」は「主語」を表す「文法格」であるということが読み取れる。

しかしながら、野田（2014a）では、日本語においては、主語は「が」のついた成分ということにはなるものの、たとえば「松田は去年の大会で

優勝した」のように「は」が主語になる場合も存在し、その場合には説明が必要となるため、「主語」が「が」のついた成分であるというのは明確な定義とはいえないとされている。すなわち、野田（2014a）に基づけば「は」と「が」は必ずしも「主語」を表すマーカーであると規定することはできないということになる。

　野田（2014a）における「主語」と助詞との関係性の捉え方に類似する立場として、柴谷（1978）が挙げられる。柴谷（1978, pp. 221-224）では、「主語その他の範疇と格助詞とは一対一の絶対的関係にあるという考えを破棄し、この関係は相対的なものであると考えなければならない」としたうえで、「一般に主語は題目化されない場合は主格助詞『が』を伴って表層化される」と同時に、「主語は『が』と『に』以外に『の』によっても示されることがある」とされている。このように、柴谷（1978）は日本語記述文法研究会編（2009a）や丹羽（2006）のように「が」を主語のマーカーとして認めてはいるものの、「が」だけでなく「に」や「も」も主語のマーカーとして認めるという立場をとっている。ここから、柴谷（1978）では特定の助詞と「主語」という概念を明確に結びつけていないという点において、野田（2014a）の捉え方に近いと思われる。

　また、尾上（2014, p. 268）ではさらに、「日本語の主語は『ガ格に立つ名詞項』（表面上はガ格でなく、ハ・モ・ダケ・サエなど係助詞、副助詞下接であっても、また無助詞であっても、名詞と述語との関係を格助詞で言うとすればガになる名詞項）として規定できる可能性が浮かび上がる」とされている。つまり、「主語」は「ガ格」であるが、「ガ格」とは「が」だけでなく、「は」や「も」「だけ」「さえ」などや、あるいは無助詞であっても「主語」として捉えられる場合があるということである。これは、野田（2014a）や柴谷（1978）よりもさらに「主語」などの文法的側面と「助詞」とを切り離した捉え方であるといえよう。

　以上のように、「主語」と「は」・「が」の関係については諸説あり、見解の一致は得られていないようである。

　続いて、「主題」についてもみてみよう。野田（2014b, p. 278）では、「主題とは、その文が何について述べるかを表す成分である」と述べられてい

る。そのうえで、日本語には「は」のような主題を表すマーカーが存在するほかに、特にインフォーマルな話し言葉において「無助詞」が主題のマーカーとして機能するとも指摘されている（野田 2014b, pp. 278-279）。さらに「無助詞」とは、「何も助詞がつかない」という状態であり、例として「荷物, φ届いた？」に「『は』を使うと，対比的な意味が強くなる」ことを挙げ、説明が行われている。つまり、日本語の「主題」には「は」というマーカーがある一方で、無助詞でも「主題」として捉えられる場合があるだけでなく、さらには「は」が「主題」以外の意味を付与する場合も存在するということである。

　また、金谷（2002, pp. 99-137）においては、「助詞『は』は主語を表すという主張は明らかに誤っているが，主題を表すと言い換えても，それでは係助詞『は』の一面しか捉えていない。『は』に機能としてよく列挙される対比，否定，主題などはもともと同じものである。（略）『は』は文字通りのスーパー助詞で，その本当の役割は，単文の境界を超えるところにある。」と述べられている。つまり、助詞「は」は「主語」を表すための助詞ではないと同時に、「主題」を表すためだけにあるわけでもなく、ほかの部分に本当の役割があるということになる。

　このように、「主題」についても「主語」と同様に「は」と「が」との関係性についての見解は一致していないようである。

　次に「主格」についてみてみると、丹羽（2006, p. 62）では、「本書の立場は、これまで述べてきた通り、ガ格が主語である、つまり、統語的な主語と格範疇としての主格を区別しないというものである。」とされている。つまり、丹羽（2006）では、そもそも「主語」と「主格」とを区別しない立場を取っているということになる。そして丹羽（2006）において「ガ格が主語である」とされていることを踏まえると、「主格」も「ガ格」であるということになる。

　一方、竹林（2020, p. 95）は、「『が』格項目は所謂『主格』の立場に立つことが多い。しかし、助詞『が』は主格表示のための形式ではないと考えられる。たとえば『財布φ落ちたよ。』という文では、『が』がなくても、『財布』が主格であることは明らかである。主格表示のために『が』が必

須なわけではない。」としている。これはつまり、「が」が「主格」に付随することは多いものの、必ずしも「が」が「主格」のマーカーであるというわけではないということである。

　さらに、野田（2014b, p.279）では、「父はこの本を買ってくれた」を例に挙げ、「『父は』は主題のレベルでは主題であり、格のレベルでは主格（『が』格）である」とされている。すなわち、野田（2014b）に従えば、「は」は「主題」も「主格」も表しているということになり、したがって少なくとも「主題」や「主格」を「は」などの助詞を基に特定することは難しいということになる。

　以上のように、「主格」についても様々な立場があり、特に「は」や「が」といった助詞との関係性については見解が一致していないようである。

　最後に「主体」と「は」・「が」の関係についても考えてみたい。日本語記述文法研究会編（2009a, p.4）では、「格助詞によってあらわされる名詞と述語との意味関係には、主体、対象、相手、場所、着点、起点、経過域、手段、起因・根拠、時などがある。」としたうえで、「主体」とは「が」によって表される名詞と述語との意味関係を示すものであるということが述べられている。つまり、日本語記述文法研究会編（2009a）によれば「主体」のマーカーは「が」であるということになる。

　一方、尾上（2004, p.5）においては、動詞文における主述の意味関係について、例として「ガラスがわれた」は「変化の主体」対「変化」、「鳥が飛んでいる」や「猫がねずみを追いかけた」は「動作主体」対「動作」などを挙げている。そのうえで、「仮にそれを大ざっぱに『運動の主体』ということばで呼んだとしても、（略）動作主体の『主体』と変化主体の『主体』とでは意味が根本的にちがうし、そもそも、存在、必要、充足や関係を表す動詞文では『運動』はない。」と述べられており、「主体」という概念自体の揺れについて指摘されている。

　このように、「主体」についても、「は」や「が」といったマーカーの規定だけでなく、概念そのものに関しても様々な捉え方があり、見解の一致がみられないようである。

　以上、「は」と「が」および「主語」・「主題」・「主格」・「主体」の関係

性について、先行研究を概観してきたが、いずれの術語も総じて見解の一致がみられないことが明らかになった。さらに先行研究の概観を通して、そもそも「主語」・「主題」・「主格」・「主体」といった術語の定義自体が定まっていない可能性が浮き彫りになった。そこで次節では、「は」と「が」の説明に用いられてきた「主語」・「主題」・「主格」・「主体」という術語の定義についてさらに詳細に先行研究をみてみることとする。

2.1.2.2 「主語」・「主題」・「主格」・「主体」の定義の曖昧性とその問題

従来の先行研究において「主語」の定義については様々な議論がなされてきた。そのうち、特に「主語」の有無に関する議論は従来の日本語学の研究において活発な議題の1つである。さらにその議論は、「主語」という概念を不要とする主語廃止論と「主語」という概念を必要とする主語肯定論の大きく二派に分けられる。主語廃止論は三上（1952, 1953a, 1953b, 1958, 1960, 1963, 1975）によって提唱された考え方で、主に学校文法に用いられていた橋本（1931, 1934, 1938）の「主語」の概念を否定する形で展開されたものである[6]。それに対し、批判的な議論を展開したのが時枝（1950）などの主語肯定論者である。そこで本節ではまず、それぞれの主張についてみてみたい。

尾上（2004, p.8）は「主語肯定論」の立場に立ち、「主語」の規定について以下のように述べている。

> 名詞項が文中での立場に応じて形態を変えることを格変化と言い、その一つ一つの形態を主格・対格・与格などの名で呼ぶのだが、名詞自身が形態変化をしない日本語においては［名詞＋格助詞］の形を名詞の一つの格形態と見ることになる。「X ガ」を名詞のガ格（主格）、「X ヲ」をヲ格（対格）、「X ニ」をニ格（与格）などと呼ぶが、これらの名詞項に係助詞や副助詞が下接した場合、「X ハ」「X モ」「X コソ」「X ダケ」「X サエ」のように格助詞が表面上消えることもあるので、それらの場合も含めて「ガ格に立つ項」（その名詞項と述語との意味関係を大きく変えないで格助詞と言うとすればガが用いられる項）；「ガ

格項」とも）「ヲ格に立つ項」などと呼ぶことが一般的である。表面上格助詞がない場合でも（「Xハ」の場合は従属句埋め込みの形にするなどの方法によって）その名詞項が何格の項であるのかは容易に判定できる。日本語の主語を形態論的観点において規定すれば，このような意味で「ガ格に立つ項（ガ格項・主格項）が主語である」とすることになるが，そのようにして主語を規定することは十分に可能であり，主語であるものとないものとの区分けも確実にできるということになる。　　　　　　　　　　　　　　　（尾上 2004, p.8）

つまり、尾上（2004）によって定義された「主語」とは、「ガ格に立つ項（ガ格項・主格項）」のことである。ただし、ここでの「ガ格に立つ項」とは、「その名詞項と述語との意味関係を大きく変えないで格助詞と言うとすればガが用いられる項」であることから、厳密には「が」以外の助詞や無助詞であっても、それがガ格に相当すると考えられるものであれば主語として見なすということになる。これは言い換えれば、「は」や「も」などといった係助詞であってもガ格としての機能を有してさえいれば、主語として見なすということになる。

一方、「主語肯定論」と反対の立場をとる研究として、三上（1960, 1963 など）が挙げられる。三上（1960）が「主語廃止論」の立場をとっていることは、三上（1960, p.105）において、「そもそも主述関係という関係は日本語にはてんで存在していない——と悟らなければ、構文の解明には手が出ないでしょう。」と述べられていることからも明らかである。三上（1960, p.105）では上述のように「主述関係」つまり「主語」と「述語」との関係は日本語には存在しないとしたうえで、「題述関係」つまり「題目」と「述部」については、「題目と述部とは呼応し、張り合って一文を完成する」と述べられている。つまり、日本語は「主語」と「述語」という関係性ではなく、「題目」（あるいは主題）と「述部」との関係性が基本軸としてあるという考え方である。また、三上（1963, pp.173–174）では、「Xハ」と「Xガ」について以下のように述べられている。

Xハは X ニツイテ言エバであって、(1) 題目の提示である。それが補語（名詞＋格助詞）を表わしているという保証もなく、話し手にその辺の自覚があるとも限らない。「これ<u>は</u>寒すぎた、しくじった」を初めとして、格助詞をつなぐことの困難な用例も少なくないのである。しかし、(2) 補語（ガノニヲ）と解釈できるものを、一おう例内と認めることは許されるだろう。その場合さえ、X ハ自身に格標識がないことであるから、二通りの解釈も可能であるし、数格数回というケエスも多いから、文中の X ハを何格ときめつけることは、無理をあえてしていることになる。X ハの格は、その支配下にある用言（または名詞）ごとに、それと相関的にきまるはずのものである。ガノニヲのうち、(3) 主格 X ガと解釈されるものが非常に多いとは言え、広狭の順序は (1) 題目、(2) 補語、(3) 主格である。ある X ハが主格であるか否かは、決定容易ならざる場合もあるし、その反面、いそいで答えなければ動きがとれなくなるという問題でもない。上位の概念と名称が (2) と (1) の二段も備わっているのだから、ひとまず上位の名称のままにしておいて、ゆっくり考えたらよろしい。

（三上 1963, pp.173–174）

　つまり、三上 (1963) では、「X ハ」は主題であって主語ではなく、「X ガ」は主題である場合もあるものの、その上位概念としては「主格」であるという立場をとっていることになる。
　三上 (1960, 1963) を踏まえて、再度上述した尾上 (2004) の説をみてみると、ある問題が浮き彫りになる。それは、「主語」と「主題」の区別が難しくなるということである。これは、たとえば「X ハ」がガ格項として見なされた場合、「X」は「主語」であるのか「主題」であるのかの判断がつかなくなるということである。すなわち、尾上 (2004) の説に従えば、「は」や「が」などの助詞と「主語」や「主題」といった概念を結びつけることは難しくなるということである。一方で、尾上 (2004) では、「その名詞項と述語との意味関係を大きく変えないで格助詞で言うとすればガが用いられる」というように、助詞を用いて説明がなされていることは、

問題となろう。それでは仮に、「主語」がないとすれば、「主語」をどのように扱うべきであろうか。その点について、三上（1963, pp.174–175）では以下のように述べられている。

> 「主語」は、日本語に一言の相談もなく作られた概念である。だから、これを日本文法に適用するためには、Xガの全部とXハの過半数（それにXモ、Xコソ、Xダケ、Xシカ等々のそれぞれ何割かずつ）を一括するという形式無視を強行しなければならなかった。日本語の形式無視は、日本人の言語心理に対する不法であって、それでは日本文法にならない。そもそも「文法」にならない。
> 　主語（自縛的な主格）と述語が主述関係をなすのは、ヨオロッパ語の習慣的事実ではあるが、それ自身が論理性なのではないし、またそれが人類言語の普遍的な規範でもないことを十分理解されたいのである。
> （三上 1963, pp.174–175）

つまり、西欧文法の影響で「主語」に「は」と「が」の両方が含まれる結果となったが、そもそも日本文法においては西欧文法のそれとは「文法」そのものが異なるため、「主語」が必ずしも必要なわけではないということである。このように、従来日本語の「主語」に関しては「主語」の有無を中心に様々な議論が展開されてきたが、そのうちの代表的な説だけをみてみても、大きく異なる捉え方が存在し、見解が一致していないことがわかる。さらに、上述の先行研究だけを取り上げても、特に議論の中核となったのは、「主語」と「主題」「主格」「主体」といった術語間の捉え方であることがうかがえよう。そこで以下では、それら4つの術語の関係性に関する議論の整理を行うこととする。

まず、日本語の「主語」と「主題」に関しては、多くの議論がなされてきたが、それらはおおよそ2つに大別される。1つは「主語」と「主題」は別の次元の概念であるという説であり、もう1つは同次元の概念として扱っている説である。前者は尾上（2014）のように、「主語」と「主題」の近接性は認めるものの別の次元であるという説である。具体的には、尾

上（2014, p. 277）では「『主語』は事態認識の構造（論理的格関係と呼んでも大差ない）の次元である名詞項の名称であり，実質は『事態認識の中核項目』というところにある」一方、「『主題』は，表現構成上の文の各部分の役割の落差構造におけるある役割の部分の名称であり，表現の前提，原理的先行固定部分」であると述べられている。したがって、「主語」と「主題」の概念は異なる次元に位置するため、「主語」であるか否か、および「主題」であるか否かといった問題は、それぞれ独立に決まるとされている。一方で後者は、丹羽（2014a）のような同一次元の概念として「主語」と「主題」を扱っている説である。具体的には、「主題と述部の関係（題述関係）は基本的には主語述語関係を基盤にしている」という考え方である（丹羽 2014a, p. 281）。このように、これまで「主語」と「主題」は別次元の概念として扱うか、同一次元として扱うかによって、異なる主張が展開されてきたことがわかる。

　次に、「主語」と「主格」について考えてみよう。上述したように丹羽（2006, p. 62）では「統語的な主語と格範疇としての主格を区別しない」とされているが、これは角田（2014, p. 272）において、日本語の「主語と主格を同一視する意見がある」と指摘されているものに相当する。角田（2014）は、これについて次の2つの問題・疑問があるとしている。1つは、もし「主語」と「主格」が同じなら、どちらかは要らないのではないかという指摘で、もう1つは、「宮内庁では　今　花嫁候補を　捜しておられます。」と「お父さんから　少し　小言を　おっしゃってくださいよ。」の文には「主語」はないのか、という指摘である（角田 2014, p. 272）。これは言い換えれば、「が」が「主格」および「主語」であるという解釈に基づけば、「が」で表される名詞（あるいは名詞句）がない文には「主語」がないということになるのではないか、ということである。たしかに、「が」のような助詞によって「主格」や「主語」を規定すれば、角田（2014）が提示した文には「主語」がないということになろう。しかしながら 2.1.2.1 を通してみてきたように、そもそも「主格」や「主語」が「が」などの助詞と1対1の関係であるという点すら明らかでない現状では、この主張さえも成立するかどうか明確でないといえよう。

続いて、「主語」と「主体」についてみてみたい。日本語記述文法研究会編（2009a, p.4）では、「格助詞によってあらわされる名詞と述語との意味関係には，主体，対象，相手，場所，着点，起点，経過域，手段，起因・根拠，時などがある」とされ、表を用いてそれぞれの意味関係の対応について記載されている。そのうち、「主体」については以下のように示されている（表2-2）。

表2-2を参照すると、まず「主体」は格助詞「が」と対応した用法であることがわかる。次に、「主体」には「動きの主体」「状態の主体」「同定関係の主体」があり、さらに「動きの主体」は「意志動作の主体」「受身的動作の主体」「自然現象の主体」「変化の主体」「心的活動の主体」に分かれており、「状態の主体」は「存在の主体」「能力の主体」「心的状態の主体」「性質の主体」「関係の主体」に分かれているということがわかる。つまり、「主体」とは「が」によって表される名詞と述語との意味関係を示すものであるということになる。そしてほかの先行研究において述べられているように、「が」がつくものが「主語」あるいは「主格」であると

表2-2　日本語記述文法研究会編（2009a）における格助詞と用法の対応表

格助詞	用法		用例
が	主体	動きの主体	子どもたちが公園で遊ぶ。（意志動作の主体）
			弟が女の子から花束をもらった。（受身的動作の主体）
			雨が降る。（自然現象の主体）
			洪水で橋が壊れる。（変化の主体）
			田中が弟の成功を心から喜んだ。（心的活動の主体）
		状態の主体	このホテルには有名なレストランがある。（存在の主体）
			この子が専門書が読めるはずがない。（能力の主体）
			君が悲しいときは、私も悲しい。（心的状態の主体）
			今朝は空がとてもきれいだ。（性質の主体）
			このマークが進入禁止を表す。（関係の主体）
		同定関係の主体	あの眼鏡をかけた人が田中さんだ。

（日本語記述文法研究会編 2009a, p.4を参照し作成）

すれば、日本語記述文法研究会編（2009a）における「主体」の定義は「主語」あるいは「主格」に相当することになる。仮にそうであるとすれば、少なくとも「主語」「主格」「主体」の3つの術語は区別できない（あるいは区別する必要がない）ということになろう。

　最後に、「主題」と「主格」についてはどうであろうか。野田（2014b, p. 278）において、「主題とは，その文が何について述べるかを表す成分である」とされている。例として、「図書館は、本を読むところです。」は「図書館について言えば、本を読むところだ」という意味になることを挙げ、「図書館」という主題の解説、あるいは説明がその文において述べられているということを記述している（野田 2014b, p. 278）。以上から、主題名詞は文全体に係っていることがわかり、さらに野田（2014b）で提示されている例に基づけば「は」で表されるということになる。

　一方、「主格」とは、淺山（2004, p. 123）によると、「山田が case を格と翻訳して格助詞を定めて以来、『が』の付与された名詞が『主格』と規定され、動詞との結びつきにおけるヲ格（対格）やニ格（与格）との関係においてガ格が『主格』であると規定されている」と述べられている。言い換えると、動詞と個別に結びつくガ格こそが「主格」であるということである。しかしながら、淺山（2004, p. 113）において、「『は』が積極的に『主格』を提示していること」が明らかにされている。つまり、「主格」は「が」だけでなく、「は」でも提示されるということになる。したがって、「主格」の「は」を認めるという視点に立つと、この定義は少し修正する必要が出てくる。つまり、「が」のみでなく、「は」であっても、「主格」として認められるものがあるということである。ただし、その判断基準としては、ヲ格やニ格のように「動詞との結びつき」が認められる場合、「主格」と判断されるということになるようである（淺山 2004）。

　以上から、「主題」は「文全体」と結びついている一方で「主格」は「動詞」のみと結びついているという違いがあることがわかる。さらに、「主題」と「主格」は少なくとも「は」などの助詞によっては区別が難しいということも読み取れる。

2.2 「は」と「が」にまつわる術語の曖昧性に関する問題点

　以上、「は」と「が」および「主語」・「主題」・「主格」・「主体」に関する先行研究について再整理を行ってきた。その結果、「は」と「が」および「主語」・「主題」・「主格」・「主体」の関係性については見解の一致がみられず、さらに「主語」・「主題」・「主格」・「主体」という4つの術語の境界についても曖昧であるということが明らかになった。一例として、以下の表2-3で「主語」とその他3つの術語（「主題」・「主格」・「主体」）との関係性について、先行研究の立場をまとめたものを記載する。表2-3からもわかるように、各先行研究の立場は「主語」とその他の術語との関係性だけを取り上げても見解が一致しておらず、それらの術語間における境界が曖昧であるといえよう。

　たしかに、それぞれの説について、それぞれの立場に立って考えればそれらにすべて論理的整合性があることは事実であろう。しかしながら、日本語教育の観点から考えると、少なからず「は」と「が」を学ぶ際にそのような不統一かつ曖昧な術語が用いられることは、日本語学習者にとっては混乱の原因となりかねない。そこで本書では、日本語教育における「は」と「が」の指導の際に「主語」・「主題」・「主格」・「主体」のような術語を使用することに疑問を呈し、解決策を見いだしたい。

表2-3　先行研究における「主語」・「主題」・「主格」・「主体」の境界の曖昧さ[7]

		主題	主格	主体
主語	＝	日本語記述文法研究会編 2009a； 三上 1960・1963	日本語記述文法研究会編 2009a；丹羽 2006	日本語記述文法研究会編 2009a；丹羽 2006
	≒	尾上 2014；竹林 2020；丹羽 2006	柴谷 1978	
	≠	金谷 2002	金谷 2002	金谷 2002

2.3　本書の立場

　以上の先行研究を踏まえると、日本語教育における「は」と「が」の指導で「主語」・「主題」・「主格」・「主体」のような術語の使用に疑問を呈するという立場から、本書が展開されることになる。しかし上述してきたように、「は」と「が」についてはこれまで多岐にわたる研究が行われてきており、それらの研究は、それぞれの立場において論理的整合性が担保されているという事実も存在する。一方で 1.1.2 でも述べたように、従来の研究を日本語教育にそのまま採用する場合には、「研究の視点」における問題が生じる。そこで本書では、従来の研究成果を踏まえつつ、日本語教育により即した研究方法と研究対象である「誤用」の分析を行うこととする。以下、研究方法および研究対象について、本書の立場を述べたうえで、詳細について記載する。

2.3.1　研究方法および研究対象

2.3.1.1　研究方法

　従来、日本語の分析を行う際には小説などの母語話者が作成した日本語が用いられることが多かったが、近年の日本語の研究では、従来のように母語話者によるいわゆる「正用」の文を対象とした研究と、学習者による「誤用」の文を対象とした研究が存在する。そのうち本書では、「誤用」を対象として研究を行うこととする。理由は 2 点ある。まず、本書の最終目的が学習者に還元することであることが挙げられる。学習者への還元を行うには、学習者がどのように間違えているかという現状を分析することが近道であろう。その点、学習者の「誤用」は学習者の現状そのものであるという意味で問題の究明に適していると思われる。次に、「正用」のデータは「直感的・無意識的」に産出されており、その文は「正しい」が、「意識的」なものではないということが理由として挙げられる。いわゆる「正しい」文を研究対象とし、日本語の機能を探ることは、日本語の研究にお

いて1つの有効な手段ではある。しかし、特に「は」や「が」といったいわゆる「文法」的な要素に関しては、母語話者が文を作成する際には特段意識されていないことが多いと思われる。その点、誤用を対象とした研究では、母語話者が「意識的に」添削を行うという点、前後文脈との関係から意味や情報構造の観点を踏まえて添削されるという点、「書き言葉」であることから文体を踏まえた制約についても客観的に添削されるという点を踏まえると、母語話者が意識的に「どのような助詞が必要か、あるいは必要ないか」を検討し、添削を行っているため、日本語の助詞使用（あるいは不使用）についての母語話者の判断を明らかにする際には特に有効な手段であると考えられる。つまり「正用」を対象とする研究における日本語は、母語話者が作成しているため、文法判断が無意識に行われ産出されているのに対し、「誤用」を対象とする研究における日本語は、添削する際に「誤用」か否かという文法判断が意識的に行われることになるという点で、有効であるということである。まとめると以下の図2-1のように、「誤用」の文を対象に研究を行うことは、学習者の現状を把握しつつ、母語話者の日本語使用における捉え方も究明できるという2つの面で適していると思われる。したがって本書では、学習者が文法知識を基に作成した日本語の習得の現状を把握できるだけでなく、添削された日本語から母語

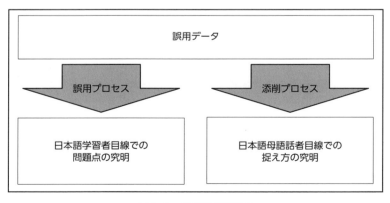

図2-1　誤用研究の利点

話者の文法の捉え方もみることができ、学習者目線と母語話者目線の両方からアプローチできるという点を踏まえ、「誤用」を対象として研究を行うこととする。

2.3.1.2　研究対象

　これまでの「は」と「が」の誤用を対象とした研究としては、田村（1994）、程（1999）、謝・金城（2005）、中嶌（2018）などが挙げられる。しかしながら、それらの研究では、なぜ「は」と「が」の誤用が多くみられるのか、その誤用のプロセスやメカニズムについてはまだ完全には明らかにされていないようである。その原因の1つとして、研究対象とされているデータの少なさが挙げられる。たとえば、上述した4つの研究における研究対象について、そのデータをみてみると、田村（1994）が19名、程（1999）が25名、謝・金城（2005）が54名、中嶌（2018）が12名というように限られたデータの中で研究が行われていることがわかる。たしかに、扱うデータの数が限られていたとしても、その誤用が存在しているという事実に間違いはないが、それらはあくまでも個々の現象について取り扱っているに過ぎず、そのような限られたデータから一般化を図るのは難しいと考えられる。

　さらに、日本語教育において重要となるキーワードとして、「学習難易度」や「化石化」、「言語転移」といったものがあるが、それらを観察するにも十分なデータ量が必要となろう。以下、具体的に説明を行う。まず、「学習難易度」とは、文字どおり、どの程度の期間で学習し、習得できるのか、といった難易度に関する情報である。この「学習難易度」を明らかにすることは、教育の過程において、どの項目をどの時期にどの程度注意して指導すべきかに直結するという点で重要となる。次に、「化石化」とは、「第二言語習得において、ある項目や事柄が誤用のまま習得が進まないで、いつまでも誤用として残ってしまう現象」（迫田 2002, p.208）のことである。つまり、言語の習得が進んだ段階で特定の誤用だけが誤用のまま残っているという状態を指す。この点についても、長期的なデータが必要となるだけでなく、個別的な問題ではなく全体の問題として捉えるために

は、より多くの学習者のデータが必要となろう。そして「言語転移」とは、迫田（2002, p. 210）によると「学習者の母語（または既習の言語）が第二言語（または次の言語）を習得する場合に何らかの影響を与えること」とされたうえで、「言語転移にはプラスに働く場合もあると考え、その場合を正の転移、マイナスに働く場合を負の転移と呼ぶ」と述べられている。すなわち、母語や既習の言語の体系の影響が学習言語に及ぶということである。これも、個別的な側面ではなく学習者全体の傾向を考察する場合には、既習の言語までは制限できないとしても、少なくとも同一の母語を持つより多くの学習者のデータが必要となると考えられる。

　以上をまとめると、日本語教育における誤用研究に必要となる要素として、以下のような点が挙げられる。

① 　より多くの学習者のデータ
② 　学習歴が短い学習者から、学習歴が長い学習者までのデータ
③ 　同一の母語を持つ学習者のデータ

　以上3点を踏まえ、本書では『YUKタグ付き中国語母語話者日本語学習者作文コーパス』Ver.10を用いることとする。『YUKタグ付き中国語母語話者日本語学習者作文コーパス』Ver.10では、中国語母語話者に限定された日本語学習者の作文データを、それぞれ2名の母語話者が添削したデータを検索・抽出することができる誤用コーパスである。さらに作文の種類も豊富で、そのうえ、日本語学習歴も3か月から34年までと幅広く、上記の点を満たしていると考えられる。
　また、特に本書において研究対象となる「は」と「が」のような助詞がない言語である「中国語」を母語としているという点は、「言語転移」の可能性を減らすという点において有効であると考えられる。たしかに、母語に同様の現象が存在することは、習得において有利に働く場合もある（「正の転移」）ものの、その一方で、母語に類似するものの完全には一致していないような現象も言語間では度々発生するため、それが不利に働く場合もある（「負の転移」）。その点、母語に同様の現象がないということは、

この(「正の転移」も「負の転移」も含めた)「言語転移」の可能性を排除することが可能となると考えられる。そしてこの「言語転移」の可能性を減らすことは、「日本語教育」の現場における指導の一般化を図るという点で意義があると思われる。これは、多くの日本語教育の現場において指導を行う際には学習者の母語が多様であるため、母語の影響を極力避けなければ、特定の母語を有する学習者に対してのみしか適用できないことになり、研究成果を指導に適用する際に汎用性が下がりかねないという点に関係している。なぜなら、「母語」の影響という点については、考慮しようにも、どこからどこまでが「指導」の影響で、どこからどこまでが「母語」の影響なのかという点についての棲み分けが難しいためである。

以上を踏まえて本書では、『YUK タグ付き中国語母語話者日本語学習者作文コーパス』Ver.10 を用いることとする。データの詳細は以下の表2-4のとおりである。

なお、本書で扱う誤用は次の3つに大別される。

① 本来 X 以外を使用すべきであるのに X を使用している、あるいは本来 Y を使用すべきであるのに Y 以外を使用しているパターン：⟨X → Y⟩
② 不使用(本来 Y を使用すべきであるのに使用されていないパターン)：⟨○ → Y⟩
③ 過剰使用(本来 X を使用すべきではないのに使用しているパターン)：⟨X → ○⟩

本書において、①を「混用」、②を「不使用」、③を「過剰使用」とする。肥田(2019, p.151)では提題助詞「は」の「不使用」と「過剰使用」について、宮島(2015)と加藤(1997)を踏まえたうえで、次のように定義している。

Ⅰ. 不使用とは、本来、提題助詞「は」がなければ非文、もしくは不自然な文となるにも関わらず使用されておらず、なおかつ、「ゼ

表 2-4 データの詳細

学習歴	ファイル数	文字数	タグ数
すべて	4,038	5,849,605	208,494
1年	941	361,685	32,160
2年	722	572,271	38,602
3年	600	342,937	21,184
4年	565	2,040,300	74,214
5年	467	263,246	14,716
6年	62	41,020	1,338
7年	194	1,900,004	13,958
8年	28	17,248	1,486
9年	16	19,529	614
10年	64	69,570	2,046
11年	1	545	4
14年	32	11,518	202
15年	33	12,643	0
16年	64	44,112	918
17年	14	4,511	160
18年	60	43,995	678
20年	13	14,738	492
21年	4	8,484	102
22年	8	7,677	190
23年	1	3,193	66
24年	6	1,811	58
25年	7	5,766	378
26年	4	35,199	1,356
27年	10	5,762	100
28年	8	5,188	0
31年	27	4,411	224
32年	27	7,583	316
34年	7	3,858	198
不明	163	77,440	8,184

ロ助詞」として扱うに値しない場合を言う。
Ⅱ. 過剰使用とは、本来、「ゼロ助詞」であるべきところに、提題助詞「は」が使用されていることによって、非文、もしくは不自然な文となってしまっている場合を言う。

(肥田 2019, p.151)

そこで、本書における「不使用」と「過剰使用」の定義については、肥田(2019)の定義に従い、次のように定義する。

Ⅰ. 不使用とは、本来、助詞がなければ非文、もしくは不自然な文となるにもかかわらず使用されておらず、なおかつ、「ゼロ助詞」として扱うに値しない場合をいう。
Ⅱ. 過剰使用とは、本来、「ゼロ助詞」であるべきところに、助詞が使用されていることによって、非文、もしくは不自然な文となってしまっている場合をいう。

さらに、本書では「は」と「が」のみを対象としているため、本書における「不使用」「過剰使用」「混用」の定義は以下のようになる。

Ⅰ. 不使用とは、〈○→は〉／〈○→が〉で表され、本来、助詞がなければ非文、もしくは不自然な文となるにもかかわらず使用されていない場合をいう。
Ⅱ. 過剰使用とは、〈は→○〉／〈が→○〉で表され、本来、「は」あるいは「が」を使用してはいけないところに「は」あるいは「が」が使用されていることによって、非文、もしくは不自然な文となってしまっている場合をいう。
Ⅲ. 混用とは、〈は→が〉／〈が→は〉で表され、本来、「が」が用いられるべきであるにもかかわらず「は」が使用されている、あるいは「は」が用いられるべきであるにもかかわらず「が」が使用されている場合をいう。

次章以降、以上を踏まえて、「は」と「が」の誤用を基に日本語教育における指導について研究を行うこととする。

注

1　本書は中国語母語話者日本語学習者を対象としているため、ここでは主に中国国内で用いられている教科書を中心に参照することとする。
2　《新大学日本语（第 2 册）》を指す。なお、本書では日本語で表記している。
3　《综合日语（第 1 册）》を指す。なお、本書では日本語で表記している。
4　《新编日语 1》を指す。なお、本書では日本語で表記している。
5　《新编日语语法教程》を指す。なお、本書では日本語で表記している。
6　研究史の詳細については、淺山（2004）を参照のこと。
7　記号（＝、≒、≠）は術語の定義の異なり度合いを示す。「＝」は同等のもの、「≒」は条件付きで同等のものとして扱われているもの、「≠」は異なるものを表す。

第3章

誤用からみる「は」と「が」の構文的制約

　現代日本語における「は」と「が」の使用条件については、これまで日本語学や日本語教育において詳細に研究が行われてきた。研究の観点も、統語や意味、語用といった様々な観点があり、その研究成果は莫大である（湯川 1967；野田 1996；尾上 2004；淺山 2004；日本語記述文法研究会編 2009a・2009b など）。それにもかかわらず、「は」と「が」は日本語教育においていまだに習得困難な項目の1つとして取り上げられており、先行研究においてもその点が指摘されている（杉本 2012；髙木 2014 など）。そのような「は」と「が」の研究成果のうち、特に教科書において適用されているのは「主題／主語」のような文法的な観点（柴谷 1978；鈴木 1992；丹羽 2006 など）と、「対比／排他（総記）」（三上 1963 など）のような意味的な観点、そして「〜は〜が＋形容詞述語」（野田 1996 など）のような構文的な観点が主であるといえよう。さらにこれらの研究のうち、文法的な観点と意味的な観点については、多くの教科書や参考書において「は」と「が」の使用条件を説明する際に用いられており、研究成果が学習者に還元されていると思われる（『新編日語1』『初級日本語 げんきⅠ（第2版）』参照）。一方で、構文的な観点からの研究成果に関しては、教科書において提示されているのは「〜は〜が＋形容詞述語」という構文のみにとどまり、それ以外に関してはほとんど記載がみられない。そこで再度構文的観点からの研究をみてみると、それらの研究の多くは、「は」のみ、あるいは「が」のみに焦点を当てた研究であり、「は」と「が」の両方が含まれる文についての研究は少ないことがうかがえる。仮に、単独の「は」

や「が」の説明のみで、学習者が「は」と「が」の用法について完全に理解することが可能であるならば、教育内容としては十分であるということになるが、現実はそうではないようである。たとえば、『YUKタグ付き中国語母語話者日本語学習者作文コーパス』Ver.10において次のような誤用が散見される。

(1) 　　夏〈○→は〉気温が高くて、暑いです。（学習歴1年）
(2) 　　生活〈が→は〉勉強〈は→が〉主なやることです。（学習歴1年）
(3) 　　本節は日本人〈は→が〉多く曖昧表現を使う原因を分析し、その原因を明らかにしたい。（学習歴20年）

　(1)は形容詞述語文（AP）、(2)は名詞述語文（NPだ）、(3)は動詞述語文（VP）における「〜は〜が…」構文の誤用である。本節で対象となるデータにおいて「〜は〜が…」構文の誤用だけでも、APが191例、「NPだ」が202例、VPが490例みられる。このように「〜は〜が…」構文の誤用は『YUKタグ付き中国語母語話者日本語学習者作文コーパス』Ver.10のみでも全833例抽出され、「は」と「が」の誤用が散見されると同時に、構文的な誤用が多くみられることがわかる。そして、以上で述べてきたように、学習者の誤用が多くみられるということは、言い換えれば、学習者の理解が得られていないということである。

　そこで改めて先行研究をみてみると、「は」と「が」の研究には構文的観点からの研究が多くみられることがわかる。それらの研究には主に2つの種類が存在するようである。まず1つ目は、1文において「は」や「が」が複数ある文における構文的制約に関する研究である。たとえば、野田（1996）において指摘されている「〜は〜が……」構文や「〜が〜が……」構文といったものがこれに該当する。すなわち、その文内において、「は」や「が」がどこに位置しているのかという形式的な面から「構文」を規定し、その「構文」における使用条件などを考察するような研究のことを指す。本節ではこのような研究を「形式的構文制約」と呼ぶこととする。これは三上（1960）における「象は鼻が長い」という文に関する議論を発端

に特に活発に研究が行われてきた。たとえば、森田（1971）では、現象文と判断文という観点から「〜ハ〜ガＰ文型」としてその成立条件や7種類の文型について説明が詳細に述べられている。また、野田（1996）においても、「『〜は〜が……』構文」の成立条件について詳しく述べられており、さらに下位分類として全6種類の文型が挙げられ、説明がなされている。そしてこの「〜は〜が…」構文の制約に関する研究成果については、日本語教育における教科書でも一部提示されている（『みんなの日本語初級Ⅰ：第2版』参照）。続いて2つ目は、述語に基づいた構文的研究である。つまり、「動詞述語」「形容詞述語」「名詞述語」という分類における構文的制約についての研究である。これは日本語学において古くから行われてきた研究でもあり、これまで主語や主題と述語との文法関係、叙述文や判断文といった述語の意味に基づいた構文研究や、談話における制約性などといった様々な観点から、特に意味的な側面を「構文」規定の際の軸とする研究が数多く行われてきた（三上 1960；久野 1973；仁田 1997；尾上 2001など）。なお、本節ではこのような研究を、便宜上1つ目の構文的研究と区別するために「意味的構文研究」と呼ぶこととする。

　このように、構文的研究はこれまで盛んに行われてきたものの、改めてこれまでの研究を振り返ってみると、次のようなことがわかる。まず、1つの構文に焦点を当て、単独の事象における条件を示したものが多いということである。次に、森田（1971）や野田（1996）などからもわかるように、「は」と「が」の使用条件に関する見解が必ずしも一致しないということが挙げられる。つまり、「は」と「が」の説明について、研究者の間でも定まっていないということである。そのため、教育現場に採用できるような一般化のできる研究はまだ少ないというのが現状であろう。

　そこで本章では、日本語学習者の誤用を上述の2つの観点から分析し、日本語教育において必要となる「は」と「が」の構文的制約を明らかにしたい。

3.1 「は」と「が」の誤用からみる形式的構文制約

3.1.1 問題の所在

　形式的構文制約に関して、誤用の観点から行われている「は」と「が」の研究としては、于（2013）が挙げられる。于（2013）では、格助詞の不使用に関して、特に誤用率の高かった「が」を中心に、構文の制約性を明らかにしたうえで、構文的アプローチによって誤用の原因が検討され、5つの構文パターンが提示されている。しかしながら、于（2013）では、それぞれの誤用パターンの詳細については述べられておらず、「は」と「が」の形式的構文制約を明らかにするというよりも誤用パターンの提示にとどまっているようである。

　そこで本節では、『YUK タグ付き中国語母語話者日本語学習者作文コーパス』Ver.10においてよくみられる誤用パターンの1つである「NP_1 は［NP_2 は＋NP_3 が＋X］と V」という構文パターンを取り上げ、「は」と「が」の形式的構文制約を明らかにしたい。対象となる構文は、具体的には、次の例 (4) のような構文である。

(4)　　私$_1$ は［彼$_2$ は背$_3$ が高い］と思います。（筆者の作例）

　この構文パターンに着目する理由としては、従来の日本語学で中心的に扱われてきた「〜は〜が…」文のような「は」や「が」が計2つ含まれる構文ではなく、3つ以上含まれているという点、そして引用節内の構文が従来の研究対象の中心とされてきた「〜は〜が…」文であるという点が挙げられる。以上の2点によって、従来の研究で対象とされてきた「は」と「が」の構文を拡張することで、従来の研究では明らかにならなかった構文における「は」と「が」の機能が明確になるのではないかと考えられる。そして同時に、単文として扱われてきた従来の「構文」が、引用節という異なる構文的位置に現れた際に、そのまま従来の研究成果を適用できるのかに

ついても検討できるという点で、より明確に「は」と「が」の形式的構文制約を明らかにできるのではないかと思われることも理由の1つである。

以上を踏まえ本節では、特に「NP_1 は [NP_2 は＋NP_3 が＋X] と V」における NP_1 と、引用節内の「NP_2 は＋NP_3 が＋X」における NP_2 との関係に着目して、誤用メカニズムについて考察を行うこととする。これは、NP_1 と NP_2 に着目することで、引用節内外の関係性が明らかになり、それによって構文全体の制約が明らかになると考えられるためである。

3.1.2 研究対象と本節の目的

特に本節において扱うデータは、「NP_1」と「NP_2」の関係性に起因すると考えられる「NP_2〈が→は〉」の誤用が含まれるものである。また、本節で対象となるデータのうち、最も多くみられた誤用は、動詞述語文における誤用であるため、本節では動詞述語文に焦点を当てて考察を行うこととする。

以上を踏まえて、本節では、『YUK タグ付き中国語母語話者日本語学習者作文コーパス』Ver.10 内の学習歴1年未満から学習歴27年未満の学習者の作文データのうち、主に「NP_1 は [NP_2 は＋NP_3 が＋X] と V」構文（全47例）の中でも「NP_2〈が→は〉」の誤用が現れている全14例を対象とする。なお、NP_1 および NP_2 に付く助詞が「には／では」などといった「は」以外の要素（格助詞など）が含まれるものは除外する。除外の理由としては、単独の「は」と「は」以外の要素が含まれる「には／では」などとでは、「は」の機能が異なる可能性が高いという点が挙げられる。これは、丹羽（2014b）において「単純提示用法」として提示されているものに該当する。丹羽（2014b）では、「は」という助詞は「課題構造」を持つとされ、「単純提示用法」も「課題構造」によって説明されている。「課題構造」とは、X について具体的に P と述べる、という文構造において、「X に何が割り当てられるかという問題意識のもとに X を提示し，それに対して具体的に P が割り当てられるという構造」のことであるとされている（丹羽 2014b，p.491）。例として、「彼女には、それは難しかった。」な

どを挙げ、「は」は「彼女に」の説明をしているわけではなく、「彼女に」を提示して、それにどんなことが結びつくかというと「それは難しい」ということが結びつくという課題構造が成立していると説明されている（丹羽 2014b, p.492）。そしてそれらを踏まえて丹羽（2014b, p.492）では、「『名詞＋は』の主題用法と『名詞＋格助詞＋は』の単純提示用法とは区別される」と述べられている。そこで本節においてもこの立場を採用し、「は」以外の要素が含まれるものは研究対象から除外することとする。

分析に先立ち、『YUK タグ付き中国語母語話者日本語学習者作文コーパス』Ver.10における「NP_1 は［NP_2 は＋NP_3 が＋X］と V」の誤用全体の出現率を学習歴別にまとめてみると、図3-1のようになる。[2]

つまり、学習歴にかかわらず、この構文においては「は」と「が」の誤用がみられるということである。学習難易度や化石化という観点からみれば、データの数が少ないとはいえ、長期的に学習を重ねてきた学習者であっても習得されていないという点においては、示唆的でなおかつ十分に研究対象となり得るものと考えられる。

以上を踏まえ、本節では次の3点を明らかにすることを目的とする。まず、引用節内の「NP_2 は＋NP_3 が＋X」構文にはどのような構文パターン

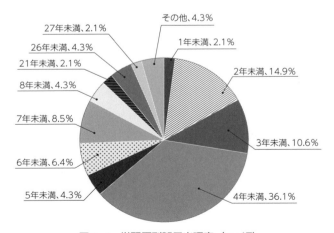

図3-1　学習歴別誤用出現率（n=47）

が存在するのかについて先行研究に基づいてパターン化を図り、それぞれのパターンにおける誤用出現率を明らかにする。次に、主に「NP₁ は [NP₂ は＋NP₃ が＋X] と V」構文における NP₁ と NP₂ との関係について明らかにし、それと同時に、その周辺事例の「[NP₂ は＋NP₃ が＋X] と V れる／られる」構文も検討する。そして最後に、「NP₁ は [NP₂ は＋NP₃ が＋X] と V」における「は」と「が」の形式的構文制約について考察を行うこととする。

3.1.3 「NP₂ は＋NP₃ が＋X」構文における構文の制約

本項では、研究対象となる「NP₁ は [NP₂ は＋NP₃ が＋X] と V」のうち、引用節内の「NP₂ は＋NP₃ が＋X」構文のパターン化を図り、誤用の出現率を明らかにする。

3.1.3.1　誤用パターンと出現率

「NP₁ は [NP₂ は＋NP₃ が＋X] と V」の誤用としては、具体的には次のような誤用例が観察された。

(5) 私₁は日本語を勉強して3年間、いつも日本人₂〈が→は〉マナー₃がよくて、とても礼儀正しいと感じていました。（学習歴3年）
(6) 私も今中国人学習者の誤用問題や母語干渉について非常に関心を持っております。志望した三人の先生方₂〈が→は〉自分の分野に関連するところ₃がたくさんあると思い、志望しました。（学習歴5年）
(7) 挨拶する時でさえ、「いい天気ですね」とか「今日は涼しいですね」と言って、日常生活₂は自然との関係₃〈は→が〉緊密だとわかった。（学習歴1年半）
(8) その業界₂〈が→は〉とても未来性₃があると思う。（8級試験³）
(9) Jについて、張紹麒氏（2004：34）によると、カラスは古代に太陽のシンボルというような吉祥な鳥で、その鳴声₂〈が→は〉良

い事₃が来る知らせと見なされた。(学習歴6年)
(10) 日本人の観念の中で、大言壮語する人₂〈が→は〉教養₃が高くないと思われるため、次第に口数が少ない習慣をつけるようになる。(学習歴3年半)

　森田(1971)では、「象は鼻が長い」のほかに、「彼は父親が医者だ」を挙げ、その違いについてNP₁とNP₂の関係にあると指摘されている。具体的には、「象は鼻が長い」のNP₂(「鼻」)はNP₁(「象」)に所属するものであるが、「彼は父親が医者だ」のNP₁(「彼」)とNP₂(「父親」)は、身体的にまたは構成要素として関係のない事物を表現者の主観で仮にNP₁をNP₂の所有物として捉えた表現であるとされている(森田1971)。しかしながら、森田(1971)では、このように「象は鼻が長い」と「彼は父親が医者だ」とは違いはあるものの、基本的にはこの2つの構文は同一の種類であるとされている。そこで本書は、この森田(1971)を支持し、「彼は父親が医者だ」のパターンも「象は鼻が長い」の一種として同じパターンに含むこととする。つまり「NP₂はNP₃がX」が、「NP₂のNP₃がX」に置き換えられるものはすべてこのパターンに含まれるということである。
　それを踏まえて(5)をみてみると、NP₂(「日本人」)がNP₃(「マナー」)の修飾成分であり、その修飾成分(「日本人」)が主題化されたものであると理解できる。そのため、三上(1960)の「象は鼻が長い」に相当するパターンであるといえよう。
　次に、(6)と(7)は于(2013)においても「[NPは]+[NPがV]」型として提示されていた誤用パターンに該当すると考えられる。于(2013, p.66)に基づけば、このパターンにおけるNP₂とNP₃は、「1つは文の主語または主題であり、もうひとつは句の主語である」ということになる。つまり、「NP₂は〜だ」という文の中に「NP₃がX」という句が埋め込まれているのである。したがって、NP₂は文の主題、NP₃は句の主語であり、Xは句の述語であると解される。つまり、「主題は+(主語が述語)」という構文であるということになる。続いて(8)も同様に、「その業界は未来性がある」の「その業界は〜だ」という文の中に「未来性がある」という

句が埋め込まれており、NP_2（「その業界」）は文の主題、NP_3（「未来性」）は句の主語であり、X（「ある」）は句の述語である。そして(6)〜(8)における主題のことを文の主語、主語のことを句の主語として捉えるとすれば、(6)〜(8)は1つの文に主語が2つある「2主語型」として見なすことができよう。なお、ここでNP_2が「主題」と判断される理由としては、「主題」の定義に起因する。丹羽（2014b）では、「主題」について、「主題とは，それがいかなる属性を持つか，いかなる状況にある（あった）かなどという関心のもとに提示される要素のことで，後続部分でその関心が具体的に述べられる」と説明されている。したがって、この定義を踏まえて(6)〜(8)をみてみると(6)における「私」、(7)の「日常生活」、そして(8)の「その業界」はそれぞれ後続の「NP_3がX」の「主題」として判断されよう。

また、(9)と(10)のように、「[NP_2はNP_3がX]とVれる／られる」という、NP_1が不在の誤用パターンもみられる。この誤用は本書にも非常に関係性の高い問題であるため、ここで併せて考察の対象とする。

以上を基に、抽出されたデータにおいてみられた誤用パターンをまとめると、主に次の3パターンになる。

Ⅰ．（NP_1は）［（NP_2は）NP_3がX］とV型（以下、「象は鼻が長い型」とする）
Ⅱ．（NP_1は）［NP_2は（NP_3がX）］とV型（以下、「2主語型」とする）
Ⅲ．［NP_2は（NP_3がX）］とVれる／られる型（以下、「受身型」とする）

3.1.3.2 誤用出現率

本節では、3.1.3.1で明らかになった3パターンについて、それぞれの誤用の出現率を明らかにする。まず、それぞれのパターンの誤用出現率は、図3-2のとおりである。

図3-2のように、「2主語型」が64.3％と最も多く、次に「受身型」（28.6％）、そして「象は鼻が長い型」は7.1％と非常に少ないことが読み

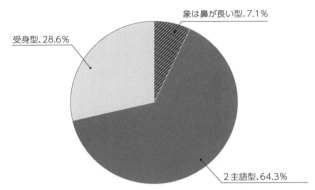

図3-2　各構文の誤用出現率（n=14）

取れる。この誤用出現率は、この3パターンの構文の習得難易度とも関係している可能性が考えられるが、本書において対象となる構文は、「NP₁ は [NP₂ は＋NP₃ が＋X] と V」であるため、「NP₂ は＋NP₃ が＋X」内だけの分析の詳細については他稿に譲る。

そこで次節からは、「NP₁ は [NP₂ は＋NP₃ が＋X] と V」という構文全体から誤用メカニズムを考察したうえで、「は」と「が」の形式的構文制約について検討を行うこととする。

3.1.4 「NP₁ は [NP₂ は＋NP₃ が＋X] と V」構文における形式的構文制約

「NP₁ は [NP₂ は＋NP₃ が＋X] と V」構文において、NP₂ の後の助詞の選択には誤用が目立つ。その原因についてはいろいろな立場からの研究があるが、本節では NP₁ と NP₂ の関係性を踏まえたうえで、「NP₁ は [NP₂ は＋NP₃ が＋X] と V」における NP₂ の後の助詞選択の誤用メカニズムを考えてみたい。そしてそのうえで、形式的構文制約について考察を行うこととする。

3.1.4.1 NP₁とNP₂の関係性

本項ではまず、「NP₁は［NP₂は＋NP₃が＋X］とV」構文におけるNP₁とNP₂の関係性を明らかにする。

「NP₁は［NP₂は＋NP₃が＋X］とV」の誤用とは、「(NP₁は)〜と感じる」「(NP₁は)〜とわかる」「(NP₁は)〜と言う」などの文の中に、「NP₂は＋NP₃が＋X」が挿入されている形の文におけるNP₂の後の助詞選択の誤用のことである。「NP₁は［NP₂は＋NP₃が＋X］とV」は、奥津(1969)において「引用構造文」と呼ばれている文で、このような文は「引用文とそれがはめこまれる地の文とで構成されている」(p.104)と述べられている。言い換えると、「NP₁は［NP₂は＋NP₃が＋X］とV」は、「(NP₁は)〜とV」構文と「NP₂は＋NP₃が＋X」構文の2つの構文から成り立っているということである。たとえば、以下のような例が挙げられる。

(11) 私₁は今回の予算₂は、大変困難な問題₃があると思います。(衆議院第58回本会議)

(12) 私₁は、その原因₂は、おおよそ二つあげること₃ができると思います。(参議院第43回本会議)

つまり「NP₁は〜とV」と「NP₂は＋NP₃が＋X」との関係は次のように解釈できよう。

(13) 私は［今回の予算は、大変困難な問題がある］と思います。((11)の再掲)

(14) 私は、［その原因は、おおよそ二つあげることができる］と思います。((12)の再掲)

また、「NP₁は〜とV」構文におけるNP₁は次のように「と」の後ろに移動することができるのに対し、「NP₂は＋NP₃が＋X」構文におけるNP₂は「と」の後ろには移動できない。

(15) a. ［今回の予算は、大変困難な問題がある］と私は思います。

　　　　　b. ×私は［大変困難な問題がある］と今回の予算は思います。
(16)　a. ［その原因はおおよそ二つあげることができる］と<u>私は</u>思います。
　　　　　b. ×私は［おおよそ二つあげることができる］と<u>その原因は</u>思います。

このように、(15a)と(16a)は文として成立し、さらに元の(13)、(14)と同様の意味になるのに対し、(15b)と(16b)は成立しない。この事実から、NP_1が移動したことによる「NP_1は［NP_2は＋NP_3が＋X］とV」構文全体への影響はないが、NP_2が移動したことによる「NP_1は［NP_2は＋NP_3が＋X］とV」構文全体への影響は大きいということがわかる。つまり「NP_1は［NP_2は＋NP_3が＋X］とV」構文は、「NP_1は〜とV」構文と「NP_2は＋NP_3が＋X」構文で構成されているということになり、NP_1とNP_2を同一構文の成分として見なすことができず、別のものとして扱う必要があるといえよう。つまり、NP_1は「NP_1は〜とV」構文におけるVの主語（あるいは主題）にあたり、NP_2は「NP_2は＋NP_3が＋X」構文におけるXの主語（あるいは主題）にあたるということになる。したがって上述したように、「NP_1は〜とV」構文と「NP_2は＋NP_3が＋X」構文におけるNP_1とNP_2は次元が異なるということになる。

3.1.4.2　「NP_1は［NP_2は＋NP_3が＋X］とV」における形式的構文制約

3.1.4.1を踏まえて、本項では上述してきた誤用パターンごとに誤用メカニズムを明らかにしたうえで、形式的構文制約の考察を行うこととする。

まず、「2主語型」の誤用例を改めて確認すると、(17)、(18)のような例が挙げられる。

(17)　私も今中国人学習者の誤用問題や母語干渉について非常に関心を持っております。<u>志望した三人の先生方</u>$_2$〈が→は〉自分の分野に関連するところ$_3$がたくさんあると思い、志望しました。((6)の再掲)

(18) 挨拶する時でさえ、「いい天気ですね」とか「今日は涼しいですね」と言って、日常生活₂は自然との関係₃〈は→が〉緊密だとわかった。((7)の再掲)

　これらの誤用は、「NP₁は［NP₂は＋NP₃が＋X］とV」における「NP₂は＋NP₃が＋X」が誤用となっている例である。この(17)や(18)のような例からは、学習者が「〜は〜が…」文のような単独の構文における「は」と「が」の使用条件に対する理解が不足しているということがわかる。一方で、2主語型の誤用には(19)のような誤用も見受けられる。

(19) 一部分の語彙₂は中国人₁〈が→は〉中国語だと思って使っている。(学習歴6年)

　(19)は、「NP₁は＋［NP₂が＋X］とV」という構造になっており、「NP₁は〜とV」内部の構文としては(17)や(18)とは異なるものの、2つの構文で成立しているという点においては同様である。つまり、(19)における「一部分の語彙」は、動詞「思う」の主語ではなく、名詞述語「NPだ」の対象主語である（あるいは「使う」の対象とも解釈可能）ということである。したがって「思う」の主語は「中国人」であるということになる。つまり整理すると(19)'のようになる。

(19)' 中国人₁〈が→は〉一部分の語彙₂は中国語だと思って使っている。

　したがってこの誤用メカニズムについても、(17)や(18)と同様であると考えられる。これは、「NPₐ（　　）＋NP_b（　　）＋V」という構文について学習者が最初に学ぶのは「〜は〜が…」構文である可能性が高いことに関係していると推察される。つまり、日本語の教科書においては、NPₐが主題、NP_bが主語として解釈される場合の「〜は〜が…」構文についてしか触れられていないために、「は」と「が」が2つ以上含まれる文を作成する際には、最初の名詞に「は」が付与されると認識している可能性が

あるということである。そして仮にそうであれば、NP$_a$が「は」でマークされるならば、NP$_b$は「が」でマークしなければならないという認識を持つのは当然のことであろう。したがって、(19)の誤用メカニズムとしては以下のようなものが考えらえる。まず、学習者は「一部分の語彙」を「は」で提示し、その後、「中国人」という名詞を付け加える際に、「〜は〜が…」文の規則に則って「が」を付与したという解釈である。要するに、まず作成した文自体が「NP$_1$ は [NP$_2$ は＋NP$_3$ が＋X] と V」という構造であるという点を理解していなかったという可能性、そして「NP$_1$ は [NP$_2$ は＋NP$_3$ が＋X] と V」において NP$_1$ と NP$_2$ との次元が異なることを理解せずに文を作成した可能性という2つが誤用の要因として考えられるのではないかと思われる。さらにこの誤用例における語順を踏まえると、最初のNP「一部分の語彙」を「は」でマークした時点で、次のNP「中国人」が文のどの動詞の主語になるかということを判断する前に「が」が選択されてしまったという「〜は〜が…」構文の過剰般化の可能性が高いのではないかと考えられる。

　以上をまとめると、「2主語型」の誤用の要因としては次のようなものが考察される。まず1つ目に、「NP$_2$ は＋NP$_3$ が＋X」内部における「は」と「が」の使用条件を理解していないという可能性である。次に、「と思う」「とわかる」「と言う」などといった動詞述語文においては「NP$_1$ は〜と V」という構文と「NP$_1$ は〜と V」の「〜」に埋めこまれる地の文（「NP$_2$ は＋NP$_3$ が＋X」）の2つの構文が存在するという認識が不足しているために誤用が生じた可能性である。そしてこの点に関していえば、学習者は最初に習った「〜は〜が…」構文の束縛性から解放されなかったことにより過剰般化を起こしたことが要因として考察される。

　次に、「象は鼻が長い型」についてみてみたい。

(20)　私$_1$は日本語を勉強して3年間、いつも日本人$_2$〈が→は〉マナー$_3$がよくて、とても礼儀正しいと感じていました。((5)の再掲)

(21)　来日の時間から見ると、二つのアルバイトをしている者の大多数が2013年以前に来日し、日本での生活は二年ぐらいである。(私$_1$

は）そのような留学生₂〈が→は〉日本語の会話₃が上手で、日本での生活と学習にも適応したのではないだろうかと考えている。（学習歴3年半）

　(20)のNP₂「日本人」とNP₃「マナー」、(21)のNP₂「そのような留学生」とNP₃「日本語の会話」は、「日本人のマナー」や「そのような留学生の日本語の会話」のように言い換えることができる。さらに(20)のNP₂「日本人」と(21)のNP₂「そのような留学生」を「が」ではなく「は」でマークしなければならないのは、3.1.3.1で述べたように「象は鼻が長い」構文の制約であると考えられる。

　しかしながら学習者の作文では、(20)のNP₂「日本人」、(21)のNP₂「そのような留学生」のマーカーとして「は」ではなく「が」が選択されている。この点については、NP₁の「は」に引きずられてNP₂のマーカーとして「が」が優先的に選択されてしまうという「〜は〜が…」構文の過剰般化に束縛された可能性が考えられる。つまり、本項で検討した「2主語型」と同じく、「NP₁は［NP₂は＋NP₃が＋X］とV」全体を2つではなく1つの構文として認識し、「〜は〜が…」文の規則を過剰に適用させたことによる過剰般化の可能性が高いということである。

　「2主語型」と「象は鼻が長い型」におけるNP₂のマーカーの誤用が、「〜は〜が…」構文の過剰般化に起因するものだとすれば、「受身型」は性格が異なると思われる。これは、「2主語型」と「象は鼻が長い型」と違って、NP₁が不要であるからである。つまり、NP₁が不要である以上は、NP₂を「が」でマークするという誤用は、「〜は〜が…」の過剰般化に起因するものとして解釈できない可能性があるということである。まず、誤用例をみてみよう。

(22)　よく日本は災害多発の国で、日本人₂〈が→は〉危機感₃が強いと言われている。（学習歴4年）
(23)　省略はどの言語にも存在している言語現象であるが、英語や中国語などと比べると、日本語₂〈が→は〉省略表現₃が多いといわ

れる。(学習歴3年半)

　仮に「[NP₂は]+[NP₃がV]」だけを対象とするならば、(22)と(23)はいずれも「象は鼻が長い型」であると思われる。しかし、実際には「[NP₂は]+[NP₃がV]」の箇所はたしかに「象は鼻が長い型」ではあるものの、(22)と(23)は(20)と(21)とは異なるようである。具体的には、(20)と(21)はVが能動態であるため、NP₁が共起できるのに対し、(22)と(23)ではVが受身形であるため、NP₁の共起が求められないという点が異なると思われる。そしてNP₁の共起が求められない受動態においては、引用文であっても本来ならNP₂のマーカーの選択に、存在しないNP₁のマーカーの影響を受けることはないため、これまでとは異なる使用条件になる可能性が考えられるということになる。

　以上を踏まえると、受身型におけるNP₂のマーカー「が」の誤用メカニズムについては、以下の2つの可能性が考えられる。1つは、(22)と(23)の前文脈に使われている「NPは」((22)は「日本は」、(23)は「省略は」)の影響で「が」が選択された可能性、そしてもう1つは、述語の形式が受身の形式(「といわれる」「と思われる」「とされる」)であるにもかかわらず、NP₁が存在すると判断されてしまった結果、「NP₁は〜とV」として扱われた可能性である。しかし、この2つの可能性はいずれも推測の域にとどまったものであり、必ずしも確固たる根拠のうえで成り立つものではない。これについては、「〜が〜が…」構文、「〜が〜は…」構文の統語的ルールや誤用の実情を踏まえ丁寧に検討しなければならない課題であるため、ここでは現象の指摘と推測にとどめることとする。

　以上、2主語型、象は鼻が長い型、受身型における「は」と「が」の誤用メカニズムについての考察を通して、以下の3点が考察された。

① そもそも「NP₂は+NP₃が+X」内部における「は」と「が」の使用条件を理解していない可能性がある。
② NP₁とNP₂との次元が異なることを理解せずに文を作成した可能性がある。

③ 「NP$_a$（　　）+ NP$_b$（　　）+ V」という構文を作成する際には、学習者は「〜は〜が…」文を想起しやすい可能性がある。その結果、NP$_1$ と NP$_2$ との次元の異なりよりも、「〜は〜が…」の形式になることを優先した可能性が考えられる。

特に上述の誤用メカニズムについては、「は」と「が」の形式的構文制約として、構文内に複数の構文が生起する場合があるという点が重要であると思われる。これまでの研究で対象とされてきた「〜は〜が…」文のような構文は、それ自体が1つの構文であるものが多かった。しかしながら、本節で扱ってきた「NP$_1$ は［NP$_2$ は + NP$_3$ が + X］と V」のような構文の場合、一文ではあるものの、そこには2つの構文が存在する。このように、「は」と「が」の形式的構文制約には、一文で構成される構文であっても複数の構文が生起する場合があるという点は学習者が適切に「は」と「が」を使用するうえで必要不可欠な情報であると考えられる。そしてさらに、複数の構文がどのように構成されているのかが「は」と「が」の制約に深く関わっているということも重要であると思われる。以上をまとめると、学習者は「は」と「が」の形式的構文制約として、構文の構造を理解する必要があるということになる。

3.1.5　まとめと残された課題

本節では、「NP$_1$ は［NP$_2$ は + NP$_3$ が + X］と V」の構文を対象に、次の3点を明らかにすることを目的として考察を行ってきた。

① 引用節内の「NP$_2$ は + NP$_3$ が + X」について、誤用パターンとそれぞれのパターンにおける誤用出現率を明らかにする。
② 「NP$_1$ は［NP$_2$ は + NP$_3$ が + X］と V」構文における「NP$_1$」と「NP$_2$」の関係性を明らかにする。
③ 「NP$_1$ は［NP$_2$ は + NP$_3$ が + X］と V」構文における「は」と「が」の誤用メカニズムについて考察を行う。

その結果、誤用メカニズムとして次のような点が考察された。

[1]　a. 引用節内「NP₂は＋NP₃が＋X」の誤用パターンは、「象は鼻が長い型」「2主語型」「受身型」の3つに分けられる。
　　b. 3つの誤用パターンのうち、誤用の出現率は「2主語型」が最も多く、次に「受身型」、そして「象は鼻が長い型」は非常に少ない。

[2]　「NP₁は［NP₂は＋NP₃が＋X］とV」構文における「NP₁」と「NP₂」の関係性について考察を行った結果、「NP₁」は「NP₁は〜とV」構文における主語（あるいは主題）にあたり、「NP₂」は「NP₂は＋NP₃が＋X」構文の主語（あるいは主題）にあたることがわかった。つまり、「NP₁」と「NP₂」は別の構文の主語（あるいは主題）であるため、次元が異なる。

[3]　「NP₁は［NP₂は＋NP₃が＋X］とV」構文における「は」と「が」の誤用メカニズムについて、誤用パターンごとに考察を行ったところ、次のような点が考察された。

　　a.「2主語型」；この構文の誤用では、そもそも「NP₂は＋NP₃が＋X」内部における「は」と「が」の使用条件を理解していないことが原因の1つとして考えられる。次に、NP₁が「は」でマークされたことから、次のNP₂は文のどの動詞の主語になるかということを判断する前に「〜は〜が…」構文の過剰般化によって「が」を選択してしまったことも誤用の要因として考えられる。つまり学習者は、文の最初に現われるNPを「は」でマークし、次のNPを「が」でマークするという「〜は〜が…」構文の規則に則って文を作成した可能性があるということである。

　　b.「象は鼻が長い型」；「NP₂」を「が」ではなく「は」でマークしなければならないのは、「象は鼻が長い」という構文の制約に基づくが、「NP₂は＋NP₃が＋X」を「象は鼻が長い」型構文として捉える意識が不足していたということが挙げられる。

つまり2主語構文と同様に、「NP$_1$は[NP$_2$は＋NP$_3$が＋X]とV」全体を1つの構文と捉えた結果、NP$_1$の「は」に引きずられてNP$_2$のマーカーとして「が」を優先的に選択するという「〜は〜が…」構文の過剰般化に束縛され、「が」を選択したことにより誤用となった可能性があるということである。

c.「受身型」：この誤用パターンは「NP$_1$」が不在のパターンであり、「2主語型」と「象は鼻が長い型」とは性質が異なる。誤用の原因としては次の2つの可能性が考えられる。1つは、前文脈における「NPは」の影響で「が」が選択された可能性、もう1つは、述語が受身形であるにもかかわらず、NP$_1$が存在すると誤認し「NP$_1$は〜とV」として認識した可能性である。ただし、これについてはあくまで推測の範囲にとどまり、さらなる研究が必要である。

さらに、以上の誤用分析を通して、「は」と「が」の形式的構文制約として以下の点が明らかになった。

① 構文内に複数の構文が生起する場合があるということ
② 複数の構文がどのように構成されているのかが「は」と「が」の制約に深く関わっているということ

以上、本節では、「は」と「が」の形式的構文制約について、動詞述語文の誤用を中心に分析・考察を行ってきた。しかしながら、本章の冒頭で述べたように「は」と「が」の構文的制約はこの「形式的構文制約」のみではない。そこで次節では「意味的構文制約」に着目して検討を行い、「は」と「が」の構文的制約の解明を進めたい。

3.2 「は」と「が」の誤用からみる意味的構文制約

3.2.1 問題提起と本節の目的

　本節では、意味的構文研究について形容詞述語文に着目し考察を行うこととする。その理由として形容詞述語文に関しては、日本語教科書において形式的構文研究における制約については言及されているのに対し、意味的構文研究においては言及されていないことが挙げられる。したがって本節では形容詞述語文に着目し、「は」と「が」の意味的構文制約を明らかにすることでその理由を検討し、意味的構文研究における「は」と「が」の指導が効果的か否かについてより明確にすることを試みたい。

3.2.2 述語と「は」・「が」の関係について

　従来の研究において、助詞は述語と深く関係しているとされてきた。これは、寺村（1982）において、ある動詞が述語として現れる際には、その動詞がどのような種類の補語を必要とする意味特性をもったものであるかという点と、その補語の種類を明示する格助詞は何かという2つの点から文が生成されるという旨が記述されていることからも、その事実がうかがえる。この発想は、結合価構造という考え方に類似していると思われる。村木（2014）では、結合価について以下のように述べられている。

> 　動詞・形容詞・名詞のような主要な品詞に属する単語には，他の単語を支配する能力が備わっている。たとえば，動詞「紹介する」は「甲が　乙を　丙に　紹介する」というように，「甲が」「乙を」「丙に」という3つの名詞をとる性質がある。「紹介する」が支配語であり，「甲が」「乙を」「丙に」が従属語である。支配語が幾つの従属語を必要とするかという単語の性質を結合価（valency：結合能力）という。（中略）さらに，支配する名詞の格や意味範疇が考慮されることがある。3項

をとる動詞にも，「あげる」「貸す」「教える」のように「甲が　乙に　丙を～」の形式をとるもの，「とる」「買う」「集める」のように「甲が　乙から　丙を～」の形式をとるものといった分類が可能となる。

(村木 2014, pp.192–193)

　つまり、村木（2014）に基づくと、支配語である述語に基づいて従属語が決定し、さらにはその従属語を示す助詞も決定するというのが、結合価構造の発想であるということになる。この発想は、特に形容詞述語文の研究において盛んに議論がなされてきた。これはたとえば益岡（1987）において、属性を表す述部を持つ文の場合、「対象」を提示するデフォルト的な助詞は「は」であるとされていることからも支持される。
　この点について肥田（2022a）は寺村（1982）を踏まえ、「『は』や『が』などの助詞がデフォルト的にどの意味役割に付随するかという点は，述語（あるいは述部）の性質によって決定される」と述べている。以上のように、結合価構造という観点から考えると、「は」や「が」といった助詞は述語と深く関わっており、さらにデフォルト的な用法をも決定している可能性があることがわかる。
　しかしながら肥田（2022a）においては、実際にどのような述語がどのような助詞をデフォルト的に付随させるのかという点について、詳細な分析は行われていないようである。そこで本節では、日本語教育への適用を考慮し、誤用の観点から述語と「は」と「が」のデフォルト的用法を探ると同時に、日本語教育における「は」と「が」の指導に述語的観点を導入すること、すなわち意味的構文研究が日本語教育において有効であるのかについて特に形容詞述語文に着目し、考察を行いたい。

3.2.3　形容詞の分類

　村木（2012）では、形容詞を「主要な品詞」とし、「これらの品詞に属する単語は、基本的には語彙的意味と文法的な機能との統一体として文の中に存在している」と述べられている。すなわち、形容詞は語彙的意味と

文法的な機能の両方を持ち得るということである。語彙的意味と文法的な機能とは、文の主要な構成素そのものであろう。言い換えれば文を構成するために必須の成分はこの2つで決定するともいえる。したがって、形容詞が語彙と文法の両面から文に関わっているということは、形容詞が文を構成するにあたり影響力を持っているということになる。このように、文の構成素として、形容詞は特に重要な役割を果たしているとされているが、次に疑問として浮かび上がるのは、形容詞間での差異である。つまり、異なる形容詞の間では文法的に異なる傾向はみられるのかということである。この点を明らかにするには、分類を概観する必要があると考えられる。なぜなら、分類というのは、一定の傾向がみられるものを体系化したものであるためである。これは本節において明らかにしようとするデフォルト的用法に深く関係する。したがって本節では、誤用分析を行う前に、まず形容詞の分類を概観したい。具体的には、上述した「語彙的意味」と「文法的な機能」にそれぞれ着目し、本節における分析においてより有効であると考えられる分類を検討する。そして次節以降、その分類に基づいて誤用を分析することでデフォルト的用法について考察を行うこととする。

3.2.3.1 「文法的な機能」に重点を置いた分類

まず、「形容詞」の規定に関わっている「形容動詞」の扱いをみてみたい。小矢野（2014, p.190）において、形容動詞は、「学校文法では活用を持つ自立語、すなわち用言の一つ」とされ、「状態性の概念を表す点で形容詞と類似するが、活用のしかたの点でそれとは異なる」とされている。つまり、概念的な部分では形容詞的であるものの、その活用が異なるために「形容詞」とは区別されているということである。この点については、鈴木（2014, p.190）において「形容動詞は、動詞『あり』と状態言とが結びついたものであり、意味からいうと形容詞であり、活用からいうと動詞であるので、こうなづけられている」と述べられていることからもわかる。しかしながら、上述した「主要な品詞」としての立ち位置を支持するとすれば、これには問題が生じる。以下、理由を述べる。まず、「形容詞」と「形容動詞」という立場は、上述のように「意味からいうと形容詞」であると

いうことを踏まえると、実質的には同種のものであるといえることが挙げられる。なぜなら、「形容詞」は先述したように「語彙的意味」と「文法的な機能」との統一体であるという立場から考えれば、「活用」というのは単なる表面的な形式上の差異でしかないと考えられるためである。さらに、日本語教育に着目して考えれば、「概念」つまり意味的に同じ「形容詞」というカテゴリーで考えられるものを、活用の異なりだけで「形容詞」とさして異なりのないものを、「形容動詞」という名称で提示することは、学習者にとって混乱の原因になりかねない。したがって本節では、「形容詞」と「形容動詞」の分類は採用せず、「形容動詞」も「形容詞」の一種として扱うこととする。

　形容詞の分類のうち、最も明快なものとしては「イ形容詞」と「ナ形容詞」という2分類が挙げられよう。これは、三上（1953, p.21）における「イ形容詞」「ナ形容詞」の分類に相当する。三上（1953）では、まず学校文法における動詞の活用表を語幹の種類および活用形を基に再整理し、従来5種類とされてきた語幹の種類を「五段活用・一段活用・三段活用」の3種類にしたうえで、7種類とされてきた活用形も「不定法・終止法・連体法」の3つに再分類した。さらに三上（1953）は、形容詞の活用表についても「イ形容詞」と「ナ形容詞」の2種類に分け、特に「ナ形容詞」の活用形について言及している。具体的には、「短い」を「イ形容詞」、「静か」を「ナ形容詞」の代表例として挙げ、「ナ形容詞」について「活用形が少なく、条件法以下は語幹系と準用詞の活用形との組立てで表す」としている（三上 1953）。ここから、「イ形容詞」と「ナ形容詞」は主に活用形に基づいた分類であるということがわかる。これは、村木（2012）における「第一形容詞」と「第二形容詞」にも相当する。村木（2012）は、「赤い」「素晴らしい」などを「第一形容詞」、「真っ赤な」「優秀な」などを「第二形容詞」とし、「第一形容詞と第二形容詞の形態上の違いは、動詞における五段動詞と一段動詞の違いに相当する」（村木 2012, p.149）としている。この指摘からも、「イ形容詞」と「ナ形容詞」は活用の異なりによって区別されるということがわかる。日本語教育において、これらの分類が用いられているのは、活用形の違いという明確な区別が見いだせるという点で

学習者にとって有効であると考えられているためであろう。その点において、本節も日本語教育において重要な「わかりやすさ」を有したこの2分類を採用し、これらに基づいて誤用分析を行うこととする。ただし、この2分類は「活用」に特化した分類であることから「文法的な機能」の側面においては習得しやすいと考えられるものの、「語彙的意味」の側面については、「形容詞」的な意味を持っているという点しか判断できないことになる。そこで以下、さらに「語彙的意味」を下位分類するために、「語彙的意味」に重点を置いた形容詞の分類を概観したい。

3.2.3.2 「語彙的意味」に重点を置いた分類

「語彙的意味」に重きを置く分類の代表として、「属性形容詞」と「感情・感覚形容詞」が挙げられる。仁田 (2014, p.183) によると、「属性形容詞の表す属性とは、人や物事が他の人や物事との対比の中で顕にする性質や特徴のこと」で「属性の種類には、色・質量・美醜・人の性格等々がある」とされている。一方、感情・感覚形容詞の表す感情・感覚については、「人が事や人に対して感ずる喜怒哀楽の感情であり、人が物から受ける生理感覚である」(仁田 2014, p.183) とされている。

この2分類は、従来特に助詞との関係についても言及されてきた。たとえば、益岡 (1987) は「叙述の類型」として「属性叙述」と「事象叙述」の2つに大別したうえで、「属性形容詞と感情形容詞が、それぞれ属性叙述述語と事象叙述述語の働きをする、というのがその基本である」(益岡 1987, p.29) と述べている。そのうえで「属性叙述文の重要な特徴の1つとして、対象表示成分が主文(主節)において一般に『主題』の形式で表される」(益岡 1987, p.40) とされている。なお、ここでの「主題の形式」とは、助詞「は」で表されるということを指す。さらに「主文に現れる属性叙述表現が次のような無題文の形式を取る場合には、『問題の対象の中でXだけが』という意味の『総記』の読みが与えられる。」(益岡 1987, p.40) とされている。言い換えれば、「属性形容詞」の文における「助詞」のデフォルトは「は」であるということになる。一方、「感情・感覚形容詞」に関する「事象叙述」については、「属性叙述文がその類型的特徴から、

主文において一般に有題文の形式を取るのに対して，事象叙述文においては，有題文・無題文のいずれで表現されるかは，通常，談話レベルでの条件によって決まる」（益岡 1987, p.41）とされている。ここから、「感情・感覚形容詞」における「は」と「が」の選択は、談話的側面によって決定されるということになる。

　以上のように、「属性形容詞」と「感情・感覚形容詞」の2分類は、本節で研究対象としている「は」と「が」の選択に深く関わっていると考えられる。したがって以降の誤用分析においても、この2分類を採用することとする。

　また、「語彙的意味」に重点を置いた分類のうち、より「意味」に着目した分類もある。たとえば八亀（2014, p.189）では、文の意味的なタイプとして個別具体的なものから順に「〈動き〉→〈状態〉→〈存在〉→〈特性〉→〈関係〉→〈質〉」が取り出せるとし、そのうち形容詞文は「〈状態〉と〈特性〉を中心的に表し，周辺的には〈存在〉と〈関係〉をも表す」と述べている。そこで、ここでは中心的とされている「状態」と「特性」の定義についてみてみたい。まず「状態」を表す形容詞文については、「個別的・一回的な特徴を表す」とされ、「来てくれてうれしい。」のように「出来事に対する話し手の一時的な感情評価を述べる文である」とされている（八亀 2014, p.189）。さらに、この「状態」を表す形容詞文は、「感情・感覚形容詞と呼ばれる形容詞が述語になることが多い」と指摘されている。次に「特性」については「もっとも形容詞文らしい形容詞文」で「主語の特性を表す」とし、「〈特性〉を表す形容詞文では，話し手はなんらかの基準と比較をして，評価的に特徴をさしだしている」と述べられている（八亀 2014, p.189）。さらに、この「特性」を表す形容詞文は、「一般的に属性形容詞と呼ばれている形容詞が述語になることが多い」ものの、「例外的に『好きな』『嫌いな』が述語となる形容詞文」も「特性」を表すとされている（八亀 2014, p.189）。

　以上、「状態」と「特性」という2つの分類を概観したが、これらの分類は「好き」と「嫌い」を除けば、おおよそ上述の「属性形容詞」と「感情・感覚形容詞」に基づいて分類が可能であることがわかる。そのうえ、

「は」と「が」の選択要因を特定するという本節の主旨を踏まえると、この分類では談話的要因が大きすぎて、一般化が難しくなるという点において、適さないと思われる。したがって本節では、この分類は採用しないこととする。

3.2.3.3　形容詞の分類基準

以上を踏まえ、次節以降の分析において採用する形容詞の分類は以下のとおりである。

① 「イ形容詞」と「ナ形容詞」
② 「属性形容詞」と「感情・感覚形容詞」

以下、上記の2分類に基づいて、誤用例の分析を行うこととする。

3.2.4　誤用傾向からみる形容詞のデフォルト的用法の検討

3.2.4.1　研究対象とデータの概要

本節では、『YUKタグ付き中国語母語話者日本語学習者作文コーパス』Ver.10 から抽出した形容詞述語文の誤用のうち、「は」あるいは「が」が正用とされているデータを対象に分析を行うこととする。具体的には、「が」の不使用（89例）、「は」の不使用（77例）、「は」と「が」の混用（「が」→「は」791例、および「は」→「が」438例）の全1,395例を対象とし、3.2.3.3 で示した2つの基準で誤用の分類を行う。そのうえで、それぞれの分類においてどのような傾向がみられるかを明らかにすることで、形容詞述語における「は」と「が」のデフォルト的用法を考察する。

3.2.4.2　データの全体像

本節では誤用分析に入る前に、まずはデータの全体像を概観することとする。ここでは、「が」の不使用、「は」の不使用、「は」と「が」の混用について順にみてみたい。

まず、「が」の不使用においてみられる形容詞[4]は以下のとおりである。

　暖かい、いい、薄い、美しい、多い、大きい、おかしい、嫌い、少ない、高い、正しい、強い、ない、激しい、深い、短い、醜い、難しい、若い、悪い

それぞれの誤用数は以下の図3-3のとおりである。

図3-3からわかるように、「が」の不使用において特に顕著にみられるのは「ない」「いい」「多い」「高い」である。そのうち、特に「ない」と「いい」の誤用が多いことがうかがえる。

次に、「は」の不使用においてみられる形容詞は以下のとおりである。

　いい、忙しい、美しい、上手い、美味しい、多い、大きい、遅い、面白い、かっこいい、厳しい、綺麗、怖い、寒い、静か、上手、素晴らしい、狭い、高い、楽しい、ない、賑やか、はやい、低い、広い、深い、難しい、優しい、若い、悪い

それぞれの誤用数は以下の図3-4のとおりである。

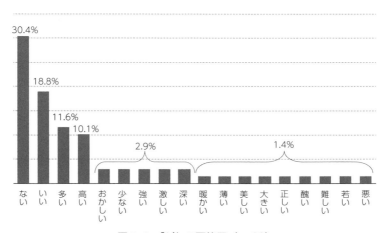

図3-3　「が」の不使用（n=88）

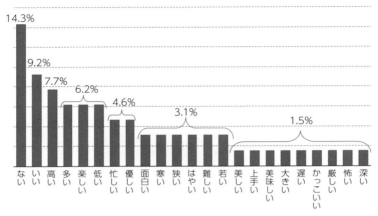

図 3-4 「は」の不使用（n=77）

図 3-4 から、「は」の不使用において特に顕著にみられるのは「ない」「いい」「高い」であることがわかる。そのうち、特に「ない」の誤用が多いことが読み取れる。

続いて、「は」と「が」の混用についてもみてみたい。まず、「は」から「が」に添削された誤用においてみられる形容詞は以下のとおりである。

あいまい、浅い、鮮やか、新しい、暑い、安全、いい、忙しい、痛い、著しい、印象的、美しい、羨ましい、嬉しい、美味しい、多い、大きい、おかしい、幼い、面白い、可哀想、厳しい、嫌い、綺麗、暗い、恋しい、幸福、子供っぽい、困難、最高、最良、盛ん、寂しい、寒い、幸せ、親しい、重要、上手、親切、新鮮、好き、少ない、素晴らしい、大事、大切、大変、高い、正しい、楽しい、小さい、近い、つまらない、冷たい、強い、つらい、遠い、得意、ない、長い、懐かしい、苦手、激しい、恥ずかしい、はやい、低い、必要、ひどい、不安、深い、不可欠、不健全、不思議、不満、下手、豊富、まずい、魅力的、難しい、珍しい、優しい、安い、有効、有名、弱い、立派、悪い

それぞれの誤用数は以下の図 3-5 のとおりである。なお、1例のみの形

第3章　誤用からみる「は」と「が」の構文的制約　59

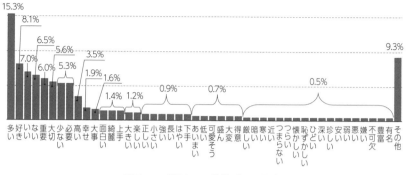

図3-5　「は」→「が」（n=431）

容詞は「その他」にまとめている。

　図3-5からもわかるように、「は」→「が」の誤用において特に顕著にみられるのは「多い」「好き」「いい」「ない」「重要」「大切」「少ない」「必要」である。そのうち、特に「多い」の誤用が多いことがうかがえる。

　次に、「が」から「は」に添削された誤用においてみられる形容詞は以下のとおりである。

　　青い、明るい、明らか、暖かい、暑い、危ない、甘い、怪しい、いい、忙しい、嫌、色々、薄い、美しい、うるさい、偉い、美味しい、多い、大きい、遅い、恐ろしい、同じ、重い、面白い、快適、輝かしい、堅苦しい、かっこいい、活発、悲しい、可能、辛い、軽い、可愛い、可哀想、完全、簡単、完璧、危険、汚い、貴重、きつい、厳しい、強大、強烈、清らか、嫌い、綺麗、勤勉、黒い、元気、公平、心細い、細かい、怖い、困難、様々、寂しい、寒い、残酷、幸せ、静か、自然、重要、上手、深刻、親切、新鮮、心配、好き、少ない、すごい、涼しい、素敵、素晴らしい、すべすべ、滑りやすい、鋭い、正当、狭い、そっくり、大事、大丈夫、大変、高い、確か、正しい、楽しい、多様、単調、小さい、近い、冷たい、強い、つらい、当然、遠い、特別、ない、

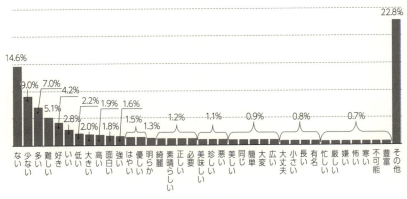

図3-6 「が」→「は」(n=742)

長い、懐かしい、苦手、賑やか、熱心、激しい、はやい、低い、必要、平等、広い、不安、不可能、不吉、複雑、不思議、不自然、不十分、普通、不平等、古い、平凡、下手、便利、豊富、ほしい、真面目、間違いない、短い、難しい、夢中、無理、明白、珍しい、面倒、優しい、優秀、有名、豊か、弱い、立派、若い、悪い

それぞれの誤用数は図3-6のとおりである。なお、5例未満の形容詞は「その他」にまとめている。

図3-6から、「が」→「は」の誤用において特に顕著にみられるのは「ない」「少ない」「多い」「難しい」「好き」「いい」であることがわかる。そのうち、特に「ない」の誤用が多いことがうかがえる。

以上、データの全体像について概観してきた。全体的な傾向としては、「ない」の誤用が特に多いこと、不使用と過剰使用、「は」→「が」と「が」→「は」といった対になっている誤用に共通する形容詞が多いことが挙げられる。以下、これらを踏まえて、詳細に分析を行うこととする。

3.2.4.3 「は」と「が」の誤用からみる述語形容詞の傾向性

本節では、「は」あるいは「が」が正用とされる誤用例の分析を通して、「は」と「が」が使用される述語形容詞に傾向性がみられるかについて考

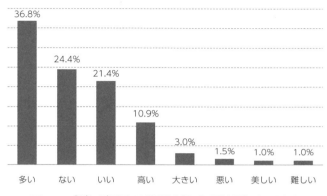

図3-7 「が」が正用の述語形容詞（イ形容詞）（n=201）

察を行う。

　まず、「が」が正用とされる誤用パターンのうち、述語形容詞がイ形容詞であるものは、「が」の不使用および「は」から「が」の誤用にみられる。これらの誤用例において共通する述語形容詞は以下のとおりである。

　　いい、美しい、多い、大きい、高い、ない、難しい、若い、悪い

　それぞれの誤用数は図3-7のとおりである。

　図3-7から、「多い」「ない」「いい」がよくみられ、中でも特に「多い」がよくみられることがわかる。ここから、「多い」という述語形容詞は「が」を取りやすい傾向にあると考えられる。

　続いて、「属性形容詞」と「感情・感覚形容詞」の観点からみてみると、「が」が正用とされている誤用において共通してみられる述語形容詞は、すべて「属性形容詞」であることがわかる。ここから、イ形容詞のうちの「属性形容詞」は「が」が使用されやすい傾向にあるように思われる。これは、益岡（1987）の「属性形容詞」のデフォルト的用法が「は」であるという指摘と異なる結果であるという点で注目に値すると考えられる。

　次に、「が」が正用とされる誤用パターンのうち、述語形容詞がナ形容詞であるのは、「が」の不使用および「は」から「が」の誤用にみられる。

これらの誤用例において共通する述語形容詞は以下のとおりである。

　嫌い、好き

　それぞれの誤用数は以下の図3-8のとおりである。
　図3-8から、「好き」が特によくみられることがわかる。ここから、「好き」という述語形容詞は「が」を取りやすい傾向にあると考えられる。
　続いて、「属性形容詞」と「感情・感覚形容詞」の観点からみてみると、「が」が正用とされている誤用のうちナ形容詞において共通してみられる述語形容詞は、すべて「感情・感覚形容詞」であることがわかる。ここから、ナ形容詞のうちの「好き」と「嫌い」という「感情・感覚形容詞」に関しては「が」が使用されやすい傾向にあると考えられる。
　続いて、「は」が正用とされる誤用パターンは、「は」の不使用および「が」から「は」の誤用にみられる。これらの誤用例において共通する述語形容詞は以下のとおりである。

　いい、忙しい、美しい、美味しい、多い、大きい、遅い、面白い、かっこいい、厳しい、怖い、寒い、素晴らしい、狭い、高い、楽しい、ない、はやい、低い、広い、難しい、優しい、若い、悪い

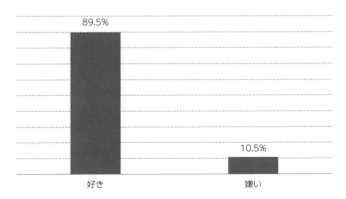

図3-8　「が」が正用の述語形容詞（ナ形容詞）（n=57）

それぞれの誤用数は以下の図3-9のとおりである。

図3-9から、特に「ない」「多い」「難しい」がよくみられ、そのうち「ない」が最も多くみられることがわかる。ここから、「ない」という述語形容詞は「は」を取りやすい傾向にあると考えられる。また、「が」の正用で最も多くみられた「多い」が上位に入っていることから、「多い」は「は」と「が」のどちらにおいてもよく用いられることが明らかになった。したがって、述語形容詞「多い」によって「は」と「が」のデフォルト的用法を規定することは難しいと考えられる。

続いて、「属性形容詞」と「感情・感覚形容詞」の観点からみてみると、「は」が正用とされる誤用のうちイ形容詞において共通にみられる述語形容詞は、以下の図3-10のとおりである。

図3-10から、「感情・感覚形容詞」に比べて「属性形容詞」の場合が圧倒的に多くみられることがわかる。ここから、イ形容詞のうちの「感情・感覚形容詞」よりも「属性形容詞」のほうが「は」が使用されやすい傾向にあるように思われる。これは、益岡（1987）において「属性形容詞」がデフォルト的に「は」を取りやすいという指摘と一致する。

「は」が正用とされる誤用パターンのうち、述語形容詞がナ形容詞であるのは、「は」の不使用および「が」から「は」の誤用にみられる。これ

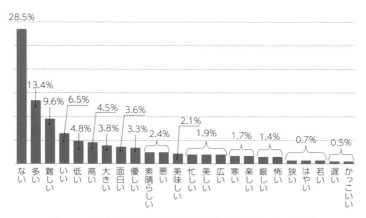

図3-9 「は」が正用の述語形容詞（イ形容詞）（n=418）

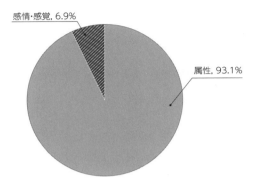

図3-10 「は」が正用の述語形容詞（イ形容詞／属性，感情・感覚）(n=418)

らの誤用例において共通する述語形容詞は以下のとおりである。

　　綺麗、好き、賑やか、静か、上手

　それぞれの誤用数は以下の図3-11のとおりである。
　図3-11から、「好き」が特によくみられることがわかる。ここから、「好き」という述語形容詞は「は」を取りやすい傾向にあると予想される。しかし、上述のとおり、「が」が正用とされる誤用におけるナ形容詞の誤用でも、「好き」の割合は非常に高く観察された。このことから、「好き」という述語形容詞だけで「は」と「が」のデフォルト的用法を決定するのは難しいという事実がうかがえる。
　続いて、「属性形容詞」と「感情・感覚形容詞」の観点からみてみると、「は」が正用とされる誤用のうちナ形容詞において共通してみられる述語形容詞は、以下の図3-12のとおりである。
　図3-12から、「属性形容詞」に比べて「感情・感覚形容詞」のほうが多いことがわかる。ここから、「は」が正用の述語形容詞のうち、ナ形容詞の場合は「属性形容詞」よりも「感情・感覚形容詞」のほうが「は」が使用されやすい傾向にあると考えられる。

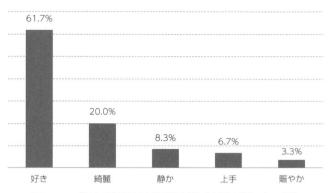

図3-11 「は」が正用の述語形容詞（ナ形容詞）（n=60）

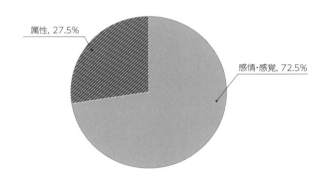

図3-12 「は」が正用の述語形容詞（ナ形容詞／属性，感情・感覚）（n=51）

3.2.4.4 「は」と「が」の全誤用パターンにおいてよく観察される述語形容詞

ここまで、「は」と「が」の誤用について、全体像、それぞれの誤用パターンの詳細、そして正用に基づいて分析を行ってきた。続いて、本節では誤用分析の「は」と「が」の全誤用パターンにおいてよく観察される述語形容詞についてみてみることとする。

「は」と「が」の全誤用パターンのうち、イ形容詞の誤用において特によくみられる述語形容詞としては、以下の形容詞が挙げられる。

いい、ない、多い、高い、難しい、悪い

このうち、「いい」と「ない」はすべての誤用パターンにおいて誤用がみられる。ここから、日本語学習者にとって、「いい」と「ない」を述語とする文において、特に「は」と「が」の選択が困難であると考えられる。特に、「ない」に関しては、従来の否定に関する研究において、その否定の焦点を「は」で提示するというのをデフォルトとする説が存在する。たとえば岩倉（1974, p.93）では否定の「は」について、「否定詞不可変形は、対照のwa付加変形が適用されたあとで、初めて適用できる」としている。ここから、否定文の生成には「は」が必ず必要となると解釈できる。また、日本語記述文法研究会編（2009b, pp.199–200）においても、「主語となる人や事物の属性について述べる場合は、主語を主題として『は』で示すのが自然」としたうえで、「特に属性について述べていなくても、否定文においては、主語は『は』で示されるのが自然である」とされている。しかしながら、実際の誤用をみてみても、否定の「ない」を述語とする文において「は」と「が」はどちらも選択可能であり、一概に否定文において「は」がデフォルト的に共起するとは言い難いと思われる。

次に、「は」と「が」の全誤用パターンのうち、ナ形容詞の誤用において特によくみられる述語形容詞としては、以下の形容詞が挙げられる。

　　好き、嫌い、上手

このうち、「好き」はすべての誤用パターンにおいて誤用がみられる。先行研究において、「好き」という述語形容詞は、対象を表す名詞（あるいは名詞句）に「が」あるいは「は」がつく場合が多いとされている。たとえば森田（2002, p.78）では、「対象語を示すのは原則として『ガ』。これを『Aハ』とすると、対比の強調か、取り立てとなる。」としている。この点については、本書で対象となっている誤用データでも一定の傾向がみられる。たとえば以下のような例がそれに該当する。

(24)　私は学習に興味はありませんが、日本語のこと〈が→は〉好きです。（学習歴1年）

(24)では、前件の「学習に興味はありません」に対する対比として「は」が選択されていると考えられる。このように、森田（2002）の説は傾向性として有力であると考えられる。しかし一方で、(25)のように、仮に「が」を用いたとしても、非文にはならないという点では、「頻繁に用いられる傾向」はあるものの、「デフォルト的用法」とまで言い切れるかどうかは定かではない。

(25)　私は学習に興味はありませんが、日本語のこと<u>が</u>好きです。

ただし(25)の場合、「学習への興味についてはさておき、日本語についてのみいえば好きだ」というような解釈になる。このように、「は」と「が」を入れ替えた場合、文法的には問題がないものの、その表現意図が異なるということは留意すべき事項であろう。

3.2.4.5　「は」と「が」の誤用からみる形容詞のデフォルト的用法

以上、「は」と「が」の誤用分析を通して、述語形容詞に一定の傾向性つまりデフォルト的用法が見いだせるかどうかという点に着目して考察を行ってきた。その結果、以下の点が明らかになった。

① 誤用の全体像からみる「は」と「が」の使用傾向
　　a.「ない」の誤用が特に多い。
　　b.「は」→「が」、「が」→「は」といった対になっている誤用に共通する形容詞が多い。
② 「が」が正用とされる誤用における「は」と「が」の使用傾向
　　a. イ形容詞のうちの「属性形容詞」は「が」が使用されやすい傾向にある。
　　b. ナ形容詞のうちの「感情・感覚形容詞」は「が」が使用されやすい傾向にある。
③ 「は」が正用とされる誤用における「は」と「が」の使用傾向
　　a. イ形容詞の誤用は、「感情・感覚形容詞」よりも「属性形容詞」

のほうが「は」が使用されやすい傾向にある。
b. ナ形容詞の誤用は、「属性形容詞」よりも「感情・感覚形容詞」のほうが「は」が使用されやすい傾向にある。

④ 「は」と「が」の全誤用パターンからみた述語形容詞の使用傾向
 a. 「いい」と「ない」はすべての誤用パターンにおいて誤用がみられることから、日本語学習者にとって、「いい」と「ない」を述語とする文における「は」と「が」の選択が困難であると考えられる。
 b. 否定の「ない」に関して、従来の否定に関する研究においては、否定の焦点を「は」で提示するというのをデフォルトとする説が存在するが、本書での誤用分析を踏まえると、否定の「ない」を述語とする文において「は」と「が」はどちらも選択可能であり、一概に否定文において「は」がデフォルト的に共起するとは言い難いと考えられる。
 c. 「好き」はすべての誤用パターンにおいて誤用がみられる。これについては、誤用例からもわかるように、森田（2002）の指摘と同様、対象を表す名詞（あるいは名詞句）に「が」が使用されることが多い傾向にあると考えられる。ただし、これを「デフォルト的用法」と言い切れるかどうかはさらなる分析が必要となる。

3.2.5 まとめと残された課題

以上、本節では、述語に形容詞をとる「は」と「が」の誤用分析を通して、述語が「は」と「が」のデフォルト的用法の決定要因となるのかという点について、特に「イ形容詞」と「ナ形容詞」、「属性形容詞」と「感情・感覚形容詞」の分類に着目し、考察を行ってきた。その結果、それぞれの分類において、いくつかの傾向性が見受けられることが明らかになった。さらに、「ない」や「好き」を述語とする場合にみられるように、「は」と「が」の選択に述語形容詞が一定の傾向で影響を及ぼしているように思わ

れる誤用パターンも観察された。[5]一方で、「は」から「が」、「が」から「は」といった対となる誤用パターンにおいて共通の述語形容詞が多く観察される点を踏まえると、「は」と「が」の決定要因が述語にあるとは言い難いと考えられる。これは、肥田（2022a）において、「は」と「が」の最終決定要因が「情報構造レベル」であるという点にも共通する。したがって、以上の分析を通して、述語形容詞と「は」と「が」の選択にはある一定の傾向はみられるものの、それらを「デフォルト的用法」として規定するには明確な基準を設定するのが難しいということが考察された。

したがって、従来「デフォルト的用法」として捉えられてきた述語と「は」や「が」との結びつきに関して、特に日本語教育において学習者へ指導する際に用いるのは適さないという結論が導かれる。そのため、次に「は」と「が」の用法を意味的構文制約とは異なる視点から分析する必要があると考えられる。

3.3　「は」と「が」の誤用からみるパラグラフ的構文制約

3.1および3.2を通して、「は」と「が」の構文的制約について「形式的」および「意味的」な観点から誤用の分析を行ってきた。しかしながら、「形式的」にも「意味的」にも、その構文的制約のみでは「は」と「が」の使用条件を完全に明らかにするのは難しいことがわかった。他方、特に学習者の視点に立って「は」と「が」の使用条件について考えた際、おそらく比較的容易に理解ができるものは「構文的な観点」であると考えられる。なぜなら、この構文的な観点は、「名詞句＋は＋名詞句＋が＋形容詞」のようにいわゆる形式上の分類からその使い分けが説明されており、学習者にとっては文中の単語の品詞さえ認識できればあとは型にあてはめて使用条件を選択すればよいということになるためである。しかしながら、上述のとおり教科書では「〜は〜が＋形容詞述語」のみの記載にとどまっており、それはおそらく従来明らかにされてきた構文的制約のみでは一般化が難しいということを表していると思われる。これは特に、「は」と「が」の選択に文脈が関わっているということが原因として考えられる。そこで

本節ではその解決策を探るべく、まず構文的観点からの先行研究における問題点を明らかにしたい。

3.3.1　構文的観点における先行研究の問題点

　これまでの構文的研究において扱われてきた構文は、上述のとおり「〜は〜が…」文のような単文において「は」や「が」の使用位置に基づいて規定される「形式的な」構文、そして「動詞述語文／名詞述語文／形容詞述語文」といった述部の品詞に基づいて規定される「意味的な」構文の2つに大別される。これらの研究において共通するのは、「構文」というものを「単文」単位で捉えているということである。そしてこの従来の「構文」については、広く網羅的に研究がなされてきた（森田 1971；于 2013など）。他方、従来の構文的観点では、ほかの意味や語用的な観点における使用上の制約との関連性がみえにくいという点が問題となる場合がある。たとえば、「キリンは首が長い。象は鼻が長い。」というような文がある場合、「象は鼻が長い」という文について、「意味あるいは語用的観点」から解釈する際、「首」という対比対象があることを踏まえると、「鼻」が焦点化されていると解釈できる点で、「有標性」が感じられる。一方で、「構文的観点」から解釈する場合、単文における「象は鼻が長い」についてのみの解釈となり、その結果、「鼻が」の箇所での「有標性」の有無については判断できないことになる。このように構文的観点から解釈するか、意味や語用的な観点から解釈するかによって、捉え方に差異が生じる。そしてこれは、特に学習者にとって混乱の原因となりかねない。なぜなら、仮に学習者が構文的観点と意味的観点の両方の使用条件を理解していたとしても、どのような場合にどちらの観点を採用すべきなのかという点において混乱が生じる可能性があるためである。これはおそらく、「構文的観点」からの「は」と「が」の使用条件と、「意味や語用的観点」からの「は」と「が」の使用条件が、ある種、別次元のものとして存在していることに起因すると考えられる。そしてこの点を解決するには、「意味や語用的観点」と「構文的観点」の2つの観点を包括的に捉える必要がある。そのた

めには、まず2つの観点の差異に着目する必要がある。まず、「意味や語用的観点」においては、「文脈」の制約を加味した使用条件が提示されているという点を踏まえると、「文章」単位での考察が行われてきたということがわかる。他方、「構文的観点」の研究においては、上述したように「単文」単位での考察が行われてきたといえる。つまり、「単文」単位か、「文章」単位か、という点が、2つの観点における考察での特に顕著な相違点であると考えられる。しかし、ここで原点に立ち返って考えてみたい。そもそも「構文」は「単文」でしか存在し得ないものなのであろうか。たとえば、以下の例(26)をみてみたい。

(26) 本書は、学生のみなさんが大学に入っていちばん戸惑う、レポートと卒業論文の書き方についてのマニュアルである。世に論文の書き方の本は、それこそ山とある。毎月一冊は、この手の本が出るのではないかと思われるほどである。しかしそれらの本は、どれも「指南書」である。本書は「指南書」でも「秘伝書」でも「奥義書」でもない。ただのマニュアルである。奥義を究めたい方は、そちらの本をお勧めする。大学に入って、いちばん困るのがレポートの書き方である。それも、どうでもいいようなことがわからない。パソコンで書いていいのやら、やはり手書きの方がいいのやら。パソコンで書くにしても、一行何字？紙の大きさは？名前はどこに書くの？ 紙はホッチキスで留めるの？ ヘアピンじゃだめかしら？ こんなことがわからない。
(小笠原喜康『新版　大学生のためのレポート・論文術』)

(26)は新書の「はじめに」の冒頭部分である。この文章全体において、「は」と「が」がどのように使用されているのかについて「単文」単位でみてみると、前半は1文目と3文目が「〜は〜が…」構文で、それ以外は「は」構文であることがわかる。そして「大学に入って〜」の文からは「が」構文が使用され、さらに「パソコンで書くにしても〜」の文において「は」構文が用いられた後、最後は「が」構文で締めくくられている。これだけ

では、この文章全体において「は」と「が」の使用に関する「構文」的な制約があるようには感じられず、やはり従来のように「単文」単位での分析が「は」と「が」の使用条件を提示するのに最も有効であるようにも思われる。しかし、「パラグラフ」の構造に注目するとどうであろうか。「パラグラフ」とは、「一つの中心文（トピック・センテンス）をサポートする文（情報）の塊」（佐渡島・吉野 2021, p.33）である。言い換えると「話題単位での段落」ともいえよう。通常、「段落」というのは、読み手が読みやすくするために「改行」や「1文字あけ」のような形式を用いて体裁を整えた文の塊を指す「文章を書くときの息つぎに似たようなもの」（佐渡島・吉野 2021, p.33）である。一方、「パラグラフ」は、「段落」と同様に「文の塊」ではあるものの、体裁上の問題を解決するためのものではなく、「一つの情報の塊」（佐渡島・吉野 2021, p.33）となるように構成されたものである。したがって、佐渡島・吉野（2021, p.33）でも述べられているように、1つのパラグラフでは1つの情報だけを扱う。そこで、上記の(26)を「パラグラフ」に基づいて分けてみると、次の①と②の2つのパラグラフに分けられる。

(26)′　①本書は、学生のみなさんが大学に入っていちばん戸惑う、レポートと卒業論文の書き方についてのマニュアルである。世に論文の書き方の本は、それこそ山とある。毎月一冊は、この手の本が出るのではないかと思われるほどである。しかしそれらの本は、どれも「指南書」である。本書は「指南書」でも「秘伝書」でも「奥義書」でもない。ただのマニュアルである。奥義を究めたい方は、そちらの本をお勧めする。
　　　　②大学に入って、いちばん困るのがレポートの書き方である。それも、どうでもいいようなことがわからない。パソコンで書いていいのやら、やはり手書きの方がいいのやら。パソコンで書くにしても、一行何字？ 紙の大きさは？ 名前はどこに書くの？ 紙はホッチキスで留めるの？ ヘアピンじゃだめかしら？ こんなことがわからない。

つまり、(26)は大きく2つの話題について述べられている文章であるということになる。そこで次に、①と②それぞれにおける「は」と「が」の使用に注目してみてみることとする。まず①をみてみると、「は」の使用率が高いことがわかる。特にそれぞれの文における冒頭に注目してみると、すべて「は」から始まっている。反対に②は、「が」の使用率が高い。そして②も①と同様に、それぞれの文における冒頭は「が」ですべて始まっていることがわかる。これはもちろん偶然であるという可能性もあるものの、もし仮にこれが1つのパターンであるとすれば、「は」や「が」は「パラグラフ」つまり「文章」単位で「構文」的に使用されているとも捉えられるのではなかろうか。なぜなら、「構文」とは一般的に、いわゆる「文型」のようなものであるためである。つまり、「意味」や「内容」に重きを置いた分類ではなく、「形式として文を捉える」というのが「構文」であるといえよう。したがって、形式的な「型」にあてはめて規則性を捉えるというのが「構文的研究」であるといえよう。この「型」というものに注目すると、たとえば「論文の型」といえば、「文章」単位であって必ずしも「単文」であるわけではない。そういう意味では、「構文」というのも「単文」である必要はないのではないかと思われる。特に「意味や語用的観点」と「構文的観点」とを近づけ、より網羅的な「は」と「が」の制約を明らかにするという点では、「構文」を「単文」単位ではなく「文章」単位で捉えるということは、有効な手段ではないかと思われる。そこで本節では、「構文」を「文章」単位まで拡張したうえで「構文的観点」からの考察を行うこととする。すなわち、①や②のように、各パラグラフを1つの塊として捉え、その中における「〜は…。〜は…。〜が…。〜は…。」といった「は」と「が」の使用を意味や語用的な枠組みではなく「構文」として扱うということである。これは従来扱われてきた「構文」とは異なる捉え方ではあるものの、「は」と「が」をいわゆる形式的な「型」にあてはめて考えるという点においては「構文」と呼べるのではないかと思われる。また、従来の「は」と「が」の構文的観点からの研究には、このようなこれまで意味や語用的な側面からしか捉えられていなかったパラグラフという範囲を、「構文」という形式上の大きな枠組みとして捉えるとい

う視点はみられなかったように思われる。さらに、このように「構文」を「文章」という広い枠組みで捉えるということは、必然的に「前後文脈」とのつながりを「構文」内にも見いだすこととなるという点において、「構文的観点」と「意味・語用的観点」を包括的に捉えることを可能とすると考えられる。

3.3.2 「新情報・旧情報」と「パラグラフ的構文」

この分析の観点に類似するものとして、従来「は」と「が」の機能の1つとして捉えられてきた「新情報・旧情報」の観点が挙げられるものの、この観点では「構文」的な側面において解釈することは難しい側面が大きい。以下、具体的に説明する。まず、この「新情報・旧情報」というものは、「は」と「が」の機能をパラグラフあるいは文章単位で考察し、「が」が「新情報」、「は」が「旧情報」を表す機能として提示されているものである。さらにこの観点は特に久野（1973）において、「構文」的観点からも証明が行われている。具体的には、「『主文の主語に現われる「ガ」は、その主語がその文の中で新しいインフォーメイション⁶を表していることをマークする標識である』という仮説（仮説1）を支持する構文法的証拠」（久野 1973, p.219）として、以下の(27)のような「ガ…ガ…ハ」パタン⁷を例に挙げ、「新情報・旧情報」に関する仮説の有効性を明らかにしている。

(27) 太郎ト花子ト夏子ガ訪ネテ来タ。
　　　太郎ガ／ハ果物ヲ持ッテ来テクレタ。
　　　花子ガ／ハオ菓子ヲクレタ。

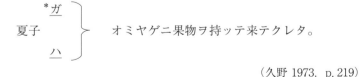

(久野 1973, p.219)

具体的には、(27)について次のように説明されている。まず、太郎と花子と夏子の3人の登場人物のうち、「果物をくれたこと」と「お菓子をくれたこと」について述べる段階では「誰がくれたのか」という「主語」を特定することはできない。つまり、「予測できない，すなわち，新しいインフォーメイションを伝えている」(p.219)ということになり、新情報を表す「ガ」が用いられ得ることになる。[8]一方で、その2人について述べた後であれば「本をくれた」人物は、「太郎」と「花子」以外に残されているのは「夏子」のみであるということになるため、主語が予測できる。ここから、「最後の文の主語だけが予測できるインフォーメイションを表わす」(p.220)ということになり、旧情報のマーカーである「ハ」が用いられるということになる。たしかに、上述の説明は一理あるものの、特に「構文」的に証明を行うという点において問題となる点がある。それは、「新情報・旧情報」の判断基準である。久野(1973, p.209)では、「新情報・旧情報」について、「与えられた構成要素が，その文の中で新しいインフォーメイションを表わすか古いインフォーメイションを表わすかという概念は，その構成要素が指す事物が既に話題にのぼったことがあるか否かという概念(anaphoricity)とは別のものである」と述べられている。つまり、久野(1973)における「新情報・旧情報」は、その文あるいは文章の中で提示されているか否かという範疇における概念ではないということである。久野(1973)では、以下の(28)の例を用いて説明されているため詳しくみてみよう。

(28)　a. 太郎ト花子ト夏子ノウチデ、誰ガ一番背ガ高イカ。
　　　b. 太郎ガ一番背ガ高イ。

(久野1973, p.209)

(28)では、aとbが質問と回答の関係になっている。さらにbの回答において「ガ」の直前の名詞「太郎」は、aの質問の段階で既に提示されている。その点において、「太郎」は「旧情報」であると解釈できることになろう。しかし、久野(1973, p.209)では、「主語『太郎(ガ)』は新しい，

予測できないインフォーメイションを，述部『一番背ガ高イ』は古い，予測できるインフォーメイションを表している」とし、この(28b)における「太郎」を「新情報」と見なしている。つまり、意味的機能からすれば「一番背が高い人は誰なのか」という内容において「誰」の部分については文脈から予測することができず、「一番背が高い」という部分は(28a)に含まれている情報であるため予測可能であるということである。たしかに文意を踏まえれば、そのような解釈から「新情報・旧情報」を規定することは可能ではある。しかし、学習者にとっては文においてその単語が現れたか否かではなく、文意においてそれが新しいのか古いのかを判断するということは容易ではないと予想される。特に日本語学習者に対して「構文」的にこの事象を説明するには、「意味」的側面に依存する部分が大きすぎるように思われる。仮に、文意を正確に読み取り「新・旧」を見分けられる学習者がいたとしても、その学習者は比較的高い日本語のレベルを有していると予想される。他方、「は」と「が」は初級や中級レベルの学習者にとっても身近な助詞であるということを加味すると、上級レベルの学習者だけでなく、すべての学習者にとって理解可能な条件を提示することが必要であると考えられる。そこでこの点を解決するためにも、本節では広義の「構文」的な視点つまり「パラグラフ的構文」の視点を導入することで、これまでの構文的な観点における研究で検討されてこなかった「パラグラフ」単位での「は」と「が」の構文的制約について検討を行うこととする。

　たとえば、以下の誤用例をみてみたい。以下は学習歴1年の学習者の誤用例である。

(29)　木〈は→*が*〉少なくなって、砂〈は→*が*〉多くなっています。(学習歴1年)

　(29)は、学習者が「は」を使用したところを、「が」に添削されている誤用である。しかし、この一文のみをみてみると、「木は少なくなって、砂は多くなっています。」というように「は」を用いても文法的に何ら問

題はないと思われる。むしろ、「少ない」と「多い」というような対比的な要素が含まれている分、「は」のほうが適しているようにも捉えられる。それでは、なぜ(29)では、「は」が誤用とされているのであろうか。その点について考えるため、次に前後文脈も併せてみてみることとする。前後文脈を付け加えると(29)'のようになる。

(29)' 地球温暖化で、気温が高くなっています。木〈は→が〉少なくなって、砂〈は→が〉多くなっています。それで、黄砂が多くなっています。黄砂の人類への影響はとても大きいです。研究者は黄砂〈が→は〉主に中国大陸の北西部からと言っています。でも、中国大陸の北西部の砂漠化は速くなっています。私は心配しています。

先述の「新情報・旧情報」の観点から考えてみると、たしかに「木」や「砂」というのは「新情報」であるため、「が」を用いるというのが説明として成立するように思われる。しかし一方で、その後の「研究者」のような単語についてはどうであろうか。「予測可能」な情報かというと、なかなか断定するのは難しいのではなかろうか。そこで続いて、(29)'を「パラグラフ」つまり「話題単位の段落」から考えてみたい。(29)'をパラグラフで区切ってみると、(29)″のように2つに分けられる。

(29)″ ①地球温暖化で、気温が高くなっています。木〈は→が〉少なくなって、砂〈は→が〉多くなっています。それで、黄砂が多くなっています。
②黄砂の人類への影響はとても大きいです。研究者は黄砂〈が→は〉主に中国大陸の北西部からと言っています。でも、中国大陸の北西部の砂漠化は速くなっています。私は心配しています。

①は地球温暖化による影響についての話題、②は黄砂による影響についての話題がそれぞれの中心となっている。そしてこれらを「構文」的に

みた場合、①は「が」、②は「は」が用いられているということがわかる。さらに、①を次の(29)‴のように「は」にすべて変えてみると、(29)で誤用とされている「は」のほうが適していることになる。

(29)‴ 地球温暖化で、気温は高くなっています。木は少なくなって、砂は多くなっています。それで、黄砂は多くなっています。

このように、「は」と「が」の使用について、「パラグラフ」という「文章」単位で1つの「構文」として捉えてみてみると、一定の規則性があるように思われる。そこで本節では、「誤用」の分析および考察を通して、「は」と「が」の「パラグラフ」における規則性、つまり「パラグラフ的構文制約」を明らかにすることを試みたい。

したがって、本節では日本語学習者の誤用を対象に、「は」と「が」の「パラグラフ的構文制約」を明らかにすることを目的とし、分析および考察を行うこととする。

3.3.3 研究対象と研究手順

本節は「パラグラフ」を対象として誤用を分析するため、いわゆる文法項目テストなどのような一文単位での作文ではなく、日記などといったある程度の分量が確保されている比較的長めの文が必要となる。そこで本書において対象としている『YUKタグ付き中国語母語話者日本語学習者作文コーパス』Ver.10をみてみたところ、それぞれのデータは、おおよそ2つ以上のパラグラフから構成されている作文となっていることが確認された。したがって本節においても、引き続き『YUKタグ付き中国語母語話者日本語学習者作文コーパス』Ver.10から誤用例を抽出し、分析および考察を行うこととする。具体的な手順は以下のとおりである。

① 『YUKタグ付き中国語母語話者日本語学習者作文コーパス』Ver.10の構文抽出機能を用いて「は」と「が」の誤用が含まれている文を

抽出する。
② 抽出した誤用例のうち、「は」から「が」、あるいは「が」から「は」に添削が行われている誤用が含まれているパラグラフを中心に、パラグラフ的構文制約があるかどうかを検証し、規則性を見いだす。

以下、手順に従い、誤用例について具体的に分析を行うこととする。

3.3.4 誤用からみる「は」と「が」のパラグラフ的構文制約

3.3.4.1 パラグラフ的構文からみる「は」と「が」の使用条件

本節では、具体的な用例を基に分析を行うこととする。

(30) 今、経済の発展とともに、人々の食生活<u>は</u>だんだんよくなり、大晦日の夕食も変わってきた。料理において<u>は</u>肉〈**が→は**〉重要な地位をもう持っていない。高いシーフード、新鮮な野菜<u>が</u>大晦日に、食卓によく出される。しかし、ただひとつ変わらない料理<u>が</u>ある。それ<u>は</u>ギョーザだ。毎年のその日、距離や天気にも関わらず、子供たち<u>は</u>必ず家に戻って、家族と一緒にギョーザを作る。このギョーザ<u>は</u>新年を迎えるためのものであり、ファミリーの団欒と幸せという願いを含んでいる。何十年間たっても、不変なの<u>は</u>ギョーザというより<u>は</u>むしろ中国人<u>が</u>持っている家族と未来への素晴らしい願望だ。それ<u>は</u>私から見れば、中国の春節<u>が</u>存在する意義だ。(学習歴1年半)

(31) 先週の日曜日、長春でマラソン大会<u>が</u>行われた。そのため、バスを含め、主要道路の車の通行〈**は→が**〉禁止された。長春には<u>は</u>電車や地下鉄の線路〈**は→が**〉まだ数本しかなく、電車や地下鉄だけでは行けないところ〈**は→が**〉たくさんある。娘<u>が</u>通っている塾もその中の一つである。(学習歴27年)

まず、(30)と(31)の「は」と「が」の使用状況をみてみると、(30)は「は」

の使用率が高く、(31)は「が」の使用率が高いことがわかる。このことから、それぞれのパラグラフにおいて、「は」あるいは「が」のどちらか一方が多く用いられている場合があるということがわかる。さらに、「は」あるいは「が」のどちらかが多いパラグラフにおいて、時折「は」あるいは「が」が用いられているようである。そこで次に、(30)と(31)を具体的に分析し、「は」と「が」の使用に関して規則性があるかどうかについて考察を行うこととする。

(30)のパラグラフでは、「人々の食生活」について述べられている。そして「は」と「が」の使用に注目すると、それぞれの文では「は」の使用率が高いことがわかる。そのため、このパラグラフは、「は」が軸となっているともいえよう。その点において、「は」を用いるのが「無標」[10]的な使い方であるとも考えられる。その観点から考えてみると、たとえば3文目のように、2文目の「肉」に対して「野菜」というものが「重要な位置」であるということに焦点を当てるために「は」ではなく「が」を用いていると思われる。つまり、「は」ではなく「が」を用いることで「肉」に対して「野菜」というものを「焦点化」しているということになる。したがって、「は」のパラグラフ的構文の中で「が」を用いることは「有標化」[11]の機能を果たすとも考えられる。ここから、「は」のパラグラフ的構文制約として、「は」を使用すると「無標」的になり、「が」を使用すると「有標」的になるということが挙げられる。以上を踏まえて「は」のパラグラフ的構文制約に基づいて誤用箇所をみてみると、「有標」的になるのを避けるために、「が」から「は」に添削が行われていると考えられる。そしてそれによって後続の文において「が」で「焦点化」されている「野菜」をより際立たせることが可能となっていると考えられる。

(31)ではまず、「マラソン大会における交通網への影響」に関する話題に始まり、続いて「マラソン大会」の会場であった「長春」の交通に関する話題へと移行している。そして「は」と「が」の使用に注目してみると、文章の大半で「が」が用いられていることがわかる。そのため、(31)においては、「が」が「無標」的なマーカーであると捉えられよう。3つの誤用箇所がすべて「は」から「が」に添削されているのはそのためである

と考えられる。さらに、ここで使用されている「は」にのみ注目してみると、単独の「は」ではなく、「には」や「では」といった「格助詞」（あるいはほかの助詞）と共起する「は」であることがわかる。他方、誤用とされている箇所は単独の「は」であるため、3.1.2 でも述べたように、「単独の『は』と『は』以外の要素が含まれる『には／では』などとでは、『は』の機能が異なる可能性が高い」ことを踏まえると、ここで正用として使用されている「は」とは性質が異なるといえよう。

以上、(30)と(31)の誤用例について、「は」と「が」の使用率の高さを基に考察を行ってきたが、冒頭の文に着目してみると、この2例はそれぞれ(30)が「は」、(31)が「が」の文で始まっていることがわかる。その点から、パラグラフの開始時に「は」あるいは「が」のパラグラフ的構文制約が同時に開始するという可能性も考えられる。つまり、パラグラフの冒頭の文における「は」と「が」の選択によって、そのパラグラフにおける「無標」の助詞が「は」か「が」かということが決定するということである。

一方で、パラグラフの2文目から「は」と「が」が切り替わっている用例もみられる。たとえば(32)の用例が挙げられる。

(32) 　以上から見ると、中国語と日本語の「萌え」<u>は</u>、意味と用法<u>は</u>とても近いと思われる。しかし、二つの言葉の間で、国によって、微妙なニュアンス<u>が</u>ある。「考え<u>が</u>萌える」と<u>は</u>、日本語にはそういう使い方<u>が</u>ない。中国語では「萌生了～的想法」と言っても大丈夫だ。また、中国語で<u>は</u>、「萌え」の新しい用法で、形容詞として使っている。名詞の使い方<u>は</u>あまりないが、日本語では、「萌え」<u>は</u>名詞として、概念として存在している。以上 **〈は→が〉**、私の考えた中国語の「萌」と日本語の「萌え」の区別だ。（学習歴7年3か月）

まず、(31)の分析を踏まえて(32)の「格助詞」（あるいはほかの助詞）と共起する「は」を対象から除いてみると、以下の(32)'のようになる。

(32)' 　以上から見ると、中国語と日本語の「萌え」<u>は</u>、意味と用法<u>は</u>とても近いと思われる。しかし、二つの言葉の間で、国によって、微妙なニュアンス<u>が</u>ある。「考え<u>が</u>萌える」とは、日本語にはそういう使い方<u>が</u>ない。中国語では「萌生了～的想法」と言っても大丈夫だ。また、中国語では、「萌え」の新しい用法で、形容詞として使っている。名詞の使い方<u>は</u>あまりないが、日本語では、「萌え」<u>は</u>名詞として、概念として存在している。以上〈は→が〉、私の考えた中国語の「萌」と日本語の「萌え」の区別だ。

　(32)'では、まず「は」の文で始まり、続いて「が」の文が続いたあと、さらに「は」が用いられて、最後は「が」の文で締めくくられている。この傾向から考えれば、上述の(30)や(31)とは異なり、パラグラフ的構文制約が働いていないようにみえる。そこで、具体的に内容を分析してみることとする。まず、最初に「が」の文に切り替わっている箇所は「しかし」という逆接によって話が切り替わっていることがわかる。次に「は」の文に切り替わっている箇所についても、その前文において「また」という転換の接続詞が用いられており、話題が変わっていることがわかる。さらに、最後の「が」の文についても、「以上」という接続詞によってこの文章全体のまとめに入るということになり、前文までとは異なるセクションに入ったといえよう。以上を踏まえると、(32)'のパラグラフは、次の4つに分けられることになる。

(32)"　①以上から見ると、中国語と日本語の「萌え」<u>は</u>、意味と用法<u>は</u>とても近いと思われる。
　　　②しかし、二つの言葉の間で、国によって、微妙なニュアンス<u>が</u>ある。「考え<u>が</u>萌える」とは、日本語にはそういう使い方<u>が</u>ない。中国語では「萌生了～的想法」と言っても大丈夫だ。
　　　③また、中国語では、「萌え」の新しい用法で、形容詞として使っている。名詞の使い方<u>は</u>あまりないが、日本語では、「萌え」<u>は</u>名詞として、概念として存在している。

④以上〈は→が〉、私の考えた中国語の「萌」と日本語の「萌え」の区別だ。

　すなわち、(32)では、以上の4つの話題について述べられているということになる。そして「パラグラフ」が「話題単位の段落」であるということを踏まえると、(32)は4つのパラグラフによって構成されているとも捉えられよう。したがって、(32)'の①と③は「は」のパラグラフ的構文制約、②と④は「が」のパラグラフ的構文制約が働いているということになる。さらに、この4つをみてみると、話題が切り替わる度に「は」と「が」も切り替わっていることがわかる。つまり、「は」と「が」の切り替えによって「話題転換」を示しているという可能性があるということになる。そしてこの点については、以下の(33)や(34)のようなパラグラフ内において文章単位で「は」と「が」の切り替えがみられる用例にも当てはまる。

(33)　先週は食用油を話題にする何かの健康番組を見た。アンケート調査ではオリーブオイル〈は→が〉一番よく食べられる食用油だそうである。体に対する良さからすればオリーブオイルも一位で、その次〈は→が〉ゴマ油、亜麻油で、エゴマ油の順だそうである。特に亜麻油は脳血管を軟化する効用があるそうだ。オリーブオイルは体に良いのは以前から分かっていたが大豆油より熱に強いという説ははじめて知った。そして多様な油を混ぜて食べてもかまわないがただ耐熱性が違う点に注意したほうが良いということである。実は国にいた時、家では同時期に多種類の食用油を食べていた。オリーブオイルとか、黒豆油とか、大豆油とか、こめ油とか、菜種油とかである。料理によって気持ちによって違う食用油を選んで料理をするの〈は→が〉私の楽しみである。故郷は大豆の産地なので子供の時は大豆油を食べるの〈は→が〉殆どであった。しかも貧乏な時代で満腹になることだけで満足で健康のことまで考える余裕はなかったかもしれない。(学習歴34年)

(34) 毎日ネットによって、大量の情報がすぐに手に入る。満たされた感じがする一方、獲得した情報〈は→が〉真実かどうかあるいは正確かどうかわからない。そして、いい情報と悪い情報が混じっていることも心配される。情報化時代の人々は、絶えず新たな情報を求める傾向が強いから、情報はますますファストフードのようなものになる。人々は本当に価値のある情報を得にくいばかりでなく、集中力もずいぶんかかる。(学習歴2年半)

(33)と(34)の話題をそれぞれみてみると、以下の(33)'と(34)'のように分けられる。

(33)' ①先週は食用油を話題にする何かの健康番組を見た。
②アンケート調査ではオリーブオイル〈は→が〉一番よく食べられる食用油だそうである。体に対する良さからすればオリーブオイルも一位で、その次〈は→が〉ゴマ油、亜麻油で、エゴマ油の順だそうである。
③特に亜麻油は脳血管を軟化する効用があるそうだ。オリーブオイルは体に良いのは以前から分かっていたが大豆油より熱に強いという説ははじめて知った。
④そして多様な油を混ぜて食べてもかまわないがただ耐熱性が違う点に注意したほうが良いということである。実は国にいた時、家では同時期に多種類の食用油を食べていた。オリーブオイルとか、黒豆油とか、大豆油とか、こめ油とか、菜種油とかである。料理によって気持ちによって違う食用油を選んで料理をするの〈は→が〉私の楽しみである。
⑤故郷は大豆の産地なので子供の時は大豆油を食べるの〈は→が〉殆どであった。しかも貧乏な時代で満腹になることだけで満足で健康のことまで考える余裕はなかったかもしれない。

(34)' ①毎日ネットによって、大量の情報がすぐに手に入る。満たされた感じがする一方、獲得した情報〈は→が〉真実かどうかある

いは正確かどうかわからない。そして、いい情報と悪い情報が
混じっていることも心配される。
②情報化時代の人々は、絶えず新たな情報を求める傾向が強いか
ら、情報はますますファストフードのようなものになる。人々
は本当に価値のある情報を得にくいばかりでなく、集中力もず
いぶんかかる。

(33)' ではまず、「健康番組を見た」という導入部分から始まり、食用油のランキングについて述べられており、続いて料理の話題に移り、最後には幼少期の話題へと移行している。(34)' もまずは「ネット」にまつわる話題から、「情報化時代の人々」の話題へとシフトしている。そして、(33)' と (34)' に共通して、話題転換の際には「は」と「が」が切り替わっていることがわかる。このように、各パラグラフにおいて「話題」が切り替わる際には、「は」と「が」の切り替えがみられることから、「は」と「が」には「話題転換」の機能があると考えられる。

なお (33)' の⑤に関しては、上述の「有標化」のプロセスが働いていると考えられる。つまり、「殆ど」であったのは「大豆油を食べる」ことであるという点に焦点を当てる必要があると判断されたために、「は」のパラグラフの中であえて「は」から「が」に添削し、「有標化」したと読み取ることができよう。

3.3.4.2 誤用からみる「は」と「が」のパラグラフ的構文制約

3.3.4.1 を通して、「は」と「が」の誤用に関して、パラグラフ冒頭の文に基づいて誤用例を分類し、詳細に分析を行うことで、「は」と「が」のパラグラフ的構文制約に関して考察を行ってきた。本節では、それらの誤用分析および考察を通して明らかになった点について述べることとする。まず、要点を整理すると、以下の4点が「は」と「が」のパラグラフ的構文制約として挙げられる。

　　a.「は」のパラグラフ的構文制約がかかっている場合に「が」を

用いると「有標化」され、「が」のパラグラフ的構文制約がかかっている場合に「は」が用いられると「有標化」される。
b. 単独の「は」と「格助詞」（あるいはほかの助詞）と共起する「は」とは性質が異なり、単独の「は」のほうがよりパラグラフ的構文制約の影響を強く受ける。
c. パラグラフの開始時に「は」か「が」のパラグラフ的構文制約がかかる可能性が高い。
d. パラグラフにおける「は」と「が」の切り替えには「話題転換」の機能がある。

まず「は」のパラグラフ的構文においては、「は」を使用することで「無標」的に「は」の直前の名詞（あるいは名詞句）を提示することができ、「が」を使用することで「有標」的に「が」の直前の名詞（あるいは名詞句）を提示することができるという点が明らかになった。すなわち、「は」のパラグラフ的構文において、「は」で提示されている名詞（あるいは名詞句）は、取り立てたり際立たせたりするというよりも、ある種並列的な要素として提示されているということになる。反対に、「が」のパラグラフ的構文においては、「が」を使用することで「無標」的に「が」の直前の名詞（あるいは名詞句）を提示し、「は」を使用することで「有標」的に「は」の直前の名詞（あるいは名詞句）を提示するという機能があることが明らかになった。

次に、「格助詞」（あるいはほかの助詞）と共起する「は」に関しては必ずしもパラグラフ的構文制約と直接的に関係しているわけではないことが明らかになった。つまり、パラグラフ的構文制約における「は」の制約は、基本的に「では・には」などといった「格助詞」（あるいはほかの助詞）と共起する「は」ではなく、単独の「は」において構文制約が働くということになる。

続いて、パラグラフの開始時に「は」と「が」のいずれかの構文的制約が働く可能性が高いということが明らかになった。すなわち、パラグラフ冒頭の文において「は」か「が」のどちらのパラグラフ的構文制約がかか

るかが決定するのではないかということである。ただし、この点については、より多くの事例を確認したうえで、さらなる検討が必要であると思われる。

また、「文章」単位でみてみると、「は」の文の後に「が」の文が続く、あるいは「は」の文の後に「が」の文が続く場合には、話題の転換が行われているということが明らかになった。つまり、1つの話題に関する文章（パラグラフ）単位で「は」と「が」の切り替えがみられる場合、上述の「有標・無標」という一時的な取り立ての機能ではなく、話題（特にメイントピック）が切り替わっているということである。

以上をまとめると、「は」と「が」のパラグラフ的構文制約は、「有標化」のための一時的な切り替えと、「話題転換」のためのパラグラフ的構文の切り替えという2点であるということになる。

3.3.5　まとめと残された課題

本節では、「は」と「が」の誤用をパラグラフ的構文の観点から分析し、「は」と「が」の使用条件について考察を行ってきた。具体的には、「は」と「が」のパラグラフ的構文制約について、具体的な誤用例を詳細に分析した。以上の分析および考察を踏まえると、「は」と「が」のパラグラフ的構文については主に以下のような制約があることが示唆される。

① パラグラフ開始時に「は」もしくは「が」のいずれの「パラグラフ的構文制約」が働くかが決定する可能性が高い。
② パラグラフ的構文の内部で一時的に「は」と「が」の切り替えが生じる場合、「有標化」の機能が働く。
③ 「は」と「が」がパラグラフ的構文単位で切り替わる場合、話題転換の機能を有する。
④ パラグラフ的構文制約における「は」は、基本的に「格助詞」（あるいはほかの助詞）と共起する「は」ではなく単独の「は」が対象となる。

ただし、本節においてはパラグラフ的構文の観点からのみ分析と考察を行ったため、「は」と「が」のパラグラフ的構文制約の共通項は見いだせたものの、「は」と「が」の根本的な相違点については言及できていない。また、これはそれぞれのパラグラフ冒頭の「は」あるいは「が」の選択について考察するうえでも密接に関係していると考えられ、検討の余地があると思われる。さらに、本節におけるパラグラフ的構文制約の観点では、語用的観点と構文的観点の双方からのアプローチには近づけたものの、意味的観点からのアプローチの導入が不足している。特に本節の分析において解明することのできなかった「～は～が…」文における「が」や「格助詞」（あるいはほかの助詞）と共起する「は」の制約に関しては、おそらくこの意味的な観点も含めた３つの観点を融合させた新しいアプローチが必要となると思われる。したがって、次章以降はそのような観点も含め、さらなる検討を行うこととする。

注

1　ここでは、本書において対象となったデータのうち、誤用がみられた学習歴のみ示している。
2　ここでは、本書において対象となったデータのうち、誤用がみられたデータのみ示している。
3　中国国内の大学（日本語学科）において、３年次および４年次に受験される試験を指す。この試験のレベルは日本語能力試験１級以上であるため、本書では「８級試験」のデータを「上級学習者」のデータとして扱うこととする。
4　本研究で「形容詞」とするものには、「危険」や「特別」のように、単体では「名詞」として扱われ得るものもあるが、それらは誤用例において、「危険な」や「特別な」といった形で、「形容詞」としてのはたらきを有するものである。
5　ただし、本節で扱ったデータは「作文」に限られているという点を考慮すると、本節のデータが「は」と「が」の誤用のすべてを示すとは言い切れない部分もあることは認めざるを得ない。したがって、その点については今後さらに「作文」以外の種類の文章についても検証が必要であると思われる。
6　久野（1973）では、「インフォメーション」が「インフォーメイション」と表記されているため、ここでも原文のまま表記している。以下、すべて同様である。
7　久野（1973）では、「パターン」のことがすべて「パタン」と表記されているため、ここでも「『ガ…ガ…ハ』パタン」と表記している。以下、すべて同様である。
8　ここで「用いられ得る」とされているのは、(27)の２文目と３文目において「太

郎ガ／ハ」、「花子ガ／ハ」と表記されていることとも関係する。「ガ／ハ」は、「ガ」でも「ハ」でもよいということを指している。これは、この例文 (27) のみでは「太郎」と「花子」がそれぞれ「果物」あるいは「お菓子」をくれたことが「新情報」である可能性があるということしかわからず、必ずしも「旧情報」ではないということまでは断定できないためにこのように表記されていると考えられる。

9　用例では、視覚的に「は」と「が」が把握しやすくなるように、助詞「は」の下に「＝」、「が」の下に「＿」を付加している。また、誤用箇所は「〈**が**→**は**〉」の形式で示しており、括弧内は「誤用→正用」になっている。また、誤用箇所については正用の助詞にのみ下線を付加している。なお、誤用箇所についてはほかの下線部と区別するためにボールド体で強調している。

10　本書における「無標」とは、「言外の意味」が付加されていないことを指す。

11　本書における「有標」とは、「焦点化」などといった「言外の意味」が付加されていることを指す。

第4章

誤用からみる「は」と「が」の基本的機能

　第2章から第3章において、「は」と「が」の指導基盤における問題点および「は」と「が」の構文的制約について誤用の分析を通して考察を行ってきた。それらの考察を踏まえて、本章では次に「は」と「が」の基本的な機能について考察を行うこととする。それに先立ち4.1では、第2章でも概観した「は」と「が」にまつわる4つの術語から、その糸口を探ることとする。

4.1　選択次元からみる「は」と「が」の選択決定要因

4.1.1　問題提起と本節の目的

　「は」と「が」の誤用が多い原因の1つとして考えられるのは、そもそも「は」や「が」といった1つの助詞を説明しているにもかかわらず、複数の異なる術語が用いられているということである。この「複数の異なる術語」というのは、第2章で概観した4つの術語のことである。しかし、第2章では、なぜ1つの助詞の説明に異なる術語が用いられているのかについては検討できていない。そこで本節ではまず、その点について検討したい。

　考えられる理由の1つとして「は」や「が」といった助詞には、意味役割や格、統語機能、情報構造といった複数の次元が存在するということが挙げられる。つまり、これらの術語はすべて、「は」と「が」でマークさ

れ得る機能を持っているものの、次元が異なっているために異なる術語になっているということである。したがって、どの術語も「は」と「が」の説明に用いること自体には問題はないと思われる。しかし、ここで問題なのは、学習者がそれぞれの術語が別次元のものであるということを理解していないという点にあると考えられる。たとえば「太郎は学校に行く。」と「太郎が学校に行く。」の場合、「は」と「が」は統語機能の次元では「主語」の位置にあるという点において同じものであるといえるが、情報構造の次元では「は」の場合、「主題」の意味が付与され、「が」の場合「排他」あるいは「総記用法」の意味が付与されるというように、「は」と「が」で意味が異なる。このように、「は」や「が」というそれぞれの助詞において、一方の次元では同一のものとして扱われ、もう一方の次元においては異なるものとして扱われているということである。つまり、「は」や「が」は、複数の次元を有しており、それぞれの次元で異なる機能を果たしていると考えられる。しかしながら、「は」と「が」の先行研究を概観すると、「は」と「が」をどの術語で説明すべきか、つまり、どの次元で解釈するべきかという議論が中心のようである。また、4つの術語と「は」・「が」との関係性についての先行研究では、第2章でも概観したように、それぞれの術語における「は」と「が」の使用条件について主に議論されているようである。これは、野田（2014a, p. 274）で述べられている「それぞれの論によって『主語』のどんな性質を重視するかが違う」ということに起因する。つまり先行研究においては、それぞれの術語の次元の中で、「は」と「が」の機能範疇が検討されているということである。しかし学習者にとっては、それぞれの次元における使用条件を明らかにすることよりも、「は」と「が」が4つの次元のうちのどの次元の機能によって区別されているかを理解することが先決であると考えられる。なぜなら上述したように、学習者はそもそも複数の次元の存在を認識しておらず、さらに複数の次元において区別があるということ自体を認識していないからである。そこで本節では、文法分析の際に必要な次元に関して以下の3点について明らかにしたうえで、誤用例を基に添削プロセスを解明し、日本語教育における文法分析の次元認識の必要性を論じる。

① 「は」と「が」を説明している4つの術語は異なる次元であるという点
② 「は」と「が」それぞれに複数の次元が存在するという点
③ 4つのうち、どの次元で「は」と「が」が区別されているかという点

4.1.2 文法分析における「は」・「が」と4つの術語

4.1.2.1 文法分析における「主語」・「主題」・「主格」・「主体」の位置づけ

角田（1991, p.179）では、文法分析には4つのレベル¹が存在するとし、それぞれについて定義されている。まとめると以下のようになる。

(a) 意味役割（semantic roles）のレベル
　　意味役割とは、文の中にある名詞、代名詞、副詞等があらわす意味役割を、主に動詞との関係で分類したものである。世界の諸言語の研究においては、「動作者（又は，動作主体とも）．対象．受取人．受益者．感情・感覚の持ち主．所有者．仲間．行き先．出発点．場所．時間．道具．等」（p.179）が意味役割のレベルにおいて用いられている。

(b) 格（cases）のレベル
　　格とは、名詞、代名詞、副詞等の一種であり、接辞または側置詞で表現されることが多い。格は形に関することである。つまり、格には働き・役目・機能は含まれず、単なる表示形式を表すものであるということである。「主格．対格．能格．絶対格．与格．所格．方向格．奪格．仲間格．道具格．所有格．等」（p.179）が格のレベルにおいて用いられている。

(c) 情報構造（information structure）のレベル
　　情報構造とは、文の表す内容であり、状況、文脈によって決まるものである。情報構造の分類には様々な提案があり、「『topic

（主題又は話題）』対『comment（評言）』」（p.180）、「『旧情報』対『新情報』」（p.180）等がこのレベルにあたる。

(d)　統語機能（grammatical functions, syntactic functions, grammatical relations 等）のレベル

　　名詞、代名詞、副詞等の、文中での役目、働き、振る舞い、使い方による分類である。統語機能のレベルでは、「主語．目的語（直接目的語，間接目的語）．状況語．呼掛け語．等」（p.180）が用いられている。

以上より、文法分析においては、「意味役割」「格」「情報構造」「統語機能」の4つの次元が存在することがわかる。さらに、角田（1991）にもあるように、「主語」は統語機能レベル、「主題」は情報構造レベル、「主格」は格レベル、そして「主体」は意味役割レベルにそれぞれ該当することがわかる。ここから、「は」と「が」の説明に用いられている「主語」・「主題」・「主格」・「主体」はそれぞれ別次元の術語であるということがわかる。

4.1.2.2　「は」や「が」が複数の次元で同時に機能しているということについて

4.1.2.1において、「は」と「が」が説明される際に用いられている「主語」・「主題」・「主格」・「主体」の術語が、それぞれ別の次元に存在するものであるということが明らかになった。それでは、これら4つの術語は同時に機能しているのであろうか。上述したように、先行研究において4つの術語と「は」「が」との関係性についてはこれまで活発に議論が行われてきたが、本節ではそのうちの代表的な説をいくつか取り上げて改めて概観し、4つの術語が同時に共存し得る概念であることを明らかにしたい。

松下（1928, pp. 471-472）では「主格」について「主格は事柄の主體を主體として表す用法である。」としたうえで「名詞が主格に在ることを示すには『花が』『月が』などの様に助辭『が』を附ける。」と述べられている。つまり「主格」は「主体」を表す用法で、助詞としては「が」が付与されるということである。さらに「主格」が「作用を叙述する語と共に一連詞を成す時」すなわち述語とともに文を成すとき、「主格」を「主語」

と呼ぶとされている。つまり松下（1928）では、「主格」は「主体」を意味し、「が」で表すと同時に「主格」が文を成すとき「主語」になるということになる。同様に山田（1936）でも、「が」の3つの用法の1つに、用言に対して「主語」であるものを示し、その主語と述語との関係を密接させる要素となることが挙げられている。さらに、山田（1936）ではこの用法には単文の主格を示すものと句の主格を示すものがあるとされていることから、「主語」であるものを示す「が」は「主格」であると読み取れる。一方で「主体」に関しては、松下（1928）のような従来「主格」とは文の「主体」であるとされてきた説に対し、山田（1936）では文に主述関係が常に存在するわけではないことを根拠に否定している。また「主題」については、「如何なる語にてもそれを説明の主題とする爲には主格に立たしむることを得べし。」（山田 1936, p. 695）と述べられていることから、「主題」は「主格」と同位置に存在するということになる。

　一方、橋本（1939, p.113）では、「主語」が「主題」を表すという説については、不当であるとされている点において山田（1936）とは異なる立場であることがうかがえる。さらに「が」については、主語たる資格を有するものは「何が」の「何」にあたるものであるため、「が」という助詞は無くてもよく、又「は」「も」その他の助詞があってもよいと述べられている（橋本 1939, pp.114–115）。つまり、橋本（1939）は「が」を「主語」のマーカーとしている松下（1928）や山田（1936）とは異なる立場をとっているということになる。ほかに、「主語」の存在自体を否定する説も存在する。その代表である三上（1953）の説では、「主体というのは動作、性質、資格の担い手である。言換えると、仕手（doer）と有手（be-er）である。（略）主格『Ｘ ガ』としてあらわれる有情者や非情物が仕手である。」（pp.13–14）とされている。つまり「主体」を表すために「主格」があり、「主格」は「が」で示されるということになる。また「主題」に関しては、「題目[2]『Ｘ ハ』は構文上はなはだ有力である。そういう題目になる機会が最も多い点に、主格の実力が認められる。」（三上 1953, p. 49）と述べており、これはすなわち「は」は「主題」になりやすく、さらに「主格」としても認められるということである。「は」を「主格」として認め

る考えは上述したほかの先行研究にはない点であろう。

　以上のように、「主語」・「主題」・「主格」・「主体」という4つの術語は、先行研究において「は」と「が」を説明する際に用いられているだけでなく、複数の術語が1つの助詞の説明の際に共存し得ることがわかる。

　4.1.2.1 および 4.1.2.2 を通して、「は」と「が」は「主語」・「主題」・「主格」・「主体」の4つの術語の次元で機能し得ると同時に、一方でそれらが複数の次元で使用されるという説と、単一の次元でのみ使用するとされている説とがあり、見解が一致していないこともうかがえる。そのような中で、日本語教育において問題なのは、特に教科書の説明において、「は」や「が」が4つの次元の術語で説明されているという事実ではなく、4つの次元における機能が異なるものであるという事実が学習者に提示されずに使用されているということであると考えられる。つまり、「は」と「が」の機能について考える際には、それがどの次元から捉えられるべきなのかについても同時に考えなければならないということが学習者に提示されていないということが問題なのである。

　しかしながら、以上のように、「は」と「が」が4つの次元で機能し得ることが明らかになったものの、「は」と「が」はどの次元において区別されているのであろうか。次節ではこの点について、角田（1991）を基に助詞選択に影響する次元を整理したうえで、学習者の「は」と「が」の誤用を基に添削プロセスを考察することで、学習の際にそれらの次元を意識する必要があることを改めて主張したい。

4.1.3　学習者の次元認識の必要性

4.1.3.1　助詞選択に影響を及ぼす次元

　本節では、角田（1991）の定義を基に、それぞれの次元が助詞選択に影響を及ぼすかどうかについて整理を行う。

　まず、意味役割の次元は「文の中にある名詞、代名詞等があらわす意味役割を、主に動詞との関係で分類したもの」（角田 1991, p.179）とされている。つまり、述部の動詞との関係に基づいた次元であるということに

なる。たとえば「買う」という動詞であれば、「(動作主)が+(対象)を+買う」というように、動詞「買う」との関係によって、「動作主」「対象」といった文中の名詞句があらわす意味役割が決定するということである。このとき、助詞に注目してみると、「動作主」を表す「が」と「対象」を表す「を」が共起することになる。さらに、「は」と「が」に関して考えてみると、たとえば感情・感覚形容詞文「私は頭が痛い」では、無標の場合、主体「私」のマーカーとして「は」が選択されることになる[3]。つまり、述部との関係からみれば「は」が第一義的に選択されるということである。このように意味役割の次元においては、「は」と「が」の選択が行われているということになり、したがって、意味役割の次元は助詞選択に影響を及ぼすということになる。次に、格の次元についてみてみたい。格レベルについては、「格は形に関することである。つまり、格には働き・役目・機能は含まれず、単なる表示形式を表すものであるということである」(角田 1991, p.179) とされていることから、「は」や「が」が格の次元において決定されるというよりはむしろ、この場所にあるものを「主格」と呼ぶというように、表面上の単なる名称を表しているに過ぎないということになる。したがって、たとえば「主格」であれば「が」になるとか、あるいは「は」になるなどというように、格の次元で区別があるというわけではない。よって、格の次元は助詞選択に影響を及ぼさないということになる。続いて情報構造の次元は、状況、文脈によって決まり、「旧情報」や「新情報」などがこの次元で決定すると述べられている。助詞選択への影響に関しては、「旧情報」なら「は」が選択され、「新情報」なら「が」が選択されるという説(久野 1973 など)が存在することからもわかるように、情報構造の次元は助詞選択に影響を及ぼしていることがわかる。最後に統語機能の次元についてみてみると、「文中での役目、働き、振る舞い、使い方による分類である」(角田 1991, p.180) とされており、「主語」や「目的語」などがこの次元に該当すると述べられている。「は」と「が」に着目してみると、「文中での役目」としては一般的に「主語」のマーカーとして捉えられているものの、先行研究で指摘されているように「は」「が」以外に「に」や「の」などの助詞でマークされていても「主語」である場

合もある。したがって、「は」と「が」を選択する直接的な理由として「主語」といった統語機能の次元は該当しないと考えられる。ただし、助詞が変わることによって意味役割の次元で差異が認められる場合には、統語機能の次元でも変化が起こる場合がある[4]。その場合、統語機能の次元が助詞選択に直接関与しているようにみえるが、あくまでも意味役割の次元によるものであるという点に注意したい。

以上をまとめると、まず、助詞の選択に直接関わっている次元は意味役割の次元と情報構造の次元ということになる。次に統語機能の次元は、助詞の選択には直接関与していないものの、意味役割の次元で助詞選択に変化がみられた際には関与しているようにみえる場合がある。そして格の次元については助詞選択には影響を及ぼさないということになる。

以上、本節で明らかになった助詞選択に影響を及ぼすレベルを踏まえて、次節では「は」と「が」の添削プロセスを考察する。

4.1.3.2　次元別にみる「は」と「が」の誤用の添削プロセス

まず、『YUK タグ付き中国語母語話者日本語学習者作文コーパス』Ver.10 から抽出した「は」と「が」の混用の例を対象として誤用を分類したところ、以下の2つが観察された。1つは情報構造の次元における誤用であり、もう1つは、意味役割および統語機能と情報構造の次元における誤用である。以下、それぞれの誤用パターンにおける添削プロセスについて考察を行いたい。

まず、情報構造の次元における誤用のうち、「は」から「が」に添削された例についてみていくこととする。

(35)　来年1月、彼の映画 Bandage〈は→が〉発表されます、私は絶対に見ますよ。(学習歴1年)
(36)　30歳になったら、中国ではいい相手を探すことはすごく難しい。だから、お見合い〈は→が〉盛んになった。(学習歴5年)
(37)　水害対策ができているかどうか〈は→が〉問題だ。(学習歴4年)
(38)　私は荷物を持つの〈は→が〉嫌いだから、いつもネットショッピ

ングを利用している。(学習歴5年)

　(35)は、もともとの誤用例「彼の映画Bandageは発表されます」であっても、意味役割の次元、格の次元、統語機能の次元の3つの次元においては問題がないと思われる。しかしながら、情報構造の次元について考えてみると「は」の場合、「彼の映画はBandage以外にもたくさんあり、そのうちのBandageについては発表されるがほかの映画についてはまだである」といった意味になる。しかしこの文脈では、ほかの映画は関係なく「Bandage」というものにのみ言及したいため、文脈上「が」を選択する必要があるということになる。したがって、文脈つまり情報構造の次元において、「は」が誤用と判断され、「が」に添削されているということになり、情報構造の次元の誤用として見なされる。続いて(36)をみてみよう。これも先ほどと同様に、誤用例のままでも、意味役割の次元、格の次元、統語機能の次元においては問題がないものの、文脈上つまり情報構造の次元において誤用と判断できる。具体的には、誤用とされている文「だから、お見合いは盛んになった」の場合、たとえば「恋愛ではなく、お見合いが盛んになった」というように「対比」の意味が含まれる。しかし、この文脈で言いたいのはお見合い以外のことではなく、お見合いのことだけを言及したいため、「お見合いが盛んになった」とするほうが適しているということになり、「が」に添削されている。したがって先ほどと同様に、情報構造の次元において誤用と判断されているということになる。(37)、(38)も同様に、意味役割、格、統語機能の次元においては問題ないものの、情報構造の次元を考えると「総記用法」の「が」を選択するほうが適しているということになる。したがって、(35)〜(38)の用例はすべて、情報構造の次元における「は」と「が」の選択を誤ったことによる誤用であるといえる。
　次に、「が」から「は」に添削された例についてもみてみよう。

(39)　違う国の人たちと交流すること〈が→は〉楽しいし面白いことである。(学習歴5年)

(40)　上の例35〈が→は〉継続形「〜ている」を使っている。（学習歴6年か6年以上）

(41)　わたし〈が→は〉今日本語学科の1年生なので、真面目に日本語を学ぶことが一番重要です。（学習歴1年）

(42)　山の神が守護神となっているとチワン族の人々〈が→は〉信じている。（学習歴6年か6年以上）

　まず、(39)も先ほどと同様に、意味役割の次元、格の次元、統語機能の次元においては問題ない。しかしここでは、文脈上、「交流すること」を「主題」として扱いたいため、「は」を用いるほうが適切ということになる。したがって、情報構造レベルの誤用と考えられる。次の(40)も同様に、「が」を用いても意味役割、格、統語機能の次元では問題ないが、「排他」的なニュアンスが付与されてしまう。そこで「は」を用いるほうが適しているということになり、したがって情報構造の次元の誤用として見なされる。(41)、(42)も同様に、情報構造の次元における区別に基づくと、「が」より「は」のほうが適しているということになる。以上から、(39)〜(42)の用例についても、(35)〜(38)と同様に情報構造の次元における「は」と「が」の選択を誤ったことによって誤用となった例であるといえよう。

　次に、意味役割および統語機能の次元と情報構造の次元における誤用パターンについて添削プロセスの考察を行う。

(43)　父と母はいつもいつも朝から晩まで兄と私が生活にゆとりが持てるように働いています。兄と私にほしいもの〈が→は〉何でも買ってくれます。（学習歴1年）

(44)　女の子は酒を売るの〈が→は〉なれたが、酒を勧めるのは恥ずかしい。（学習歴6年か6年以上）

　まず、(43)は「が」から「は」に直接添削されているようにみえるが、もともとの文「兄と私にほしいものが何でも買ってくれます。」には、意

味役割および統語機能の次元でエラーが発生している。詳しく説明すると、まず、意味役割の次元において「買ってくれます」は「誰々が何々を誰々に買ってくれる」というように、「動作主」と「対象」、そして「受益者」が必要となる。この文では「動作主」である「誰が」の部分は省略されているため、残るは「受益者」と「対象」ということになり、ここでの「受益者」とは「兄と私」で、それについては「に」で表されていることから、学習者も「受益者」として認識しているということがうかがえる。しかし一方で、「ほしいもの」は「対象」にあたるが、ここでは「対象」を示す「を」としては表記されず、「が」として表記されている。このことから、学習者は意味役割の次元において「対象」として扱うべきものを「対象」として扱っていないという可能性が考えられる。さらに意味役割の次元で「が」から「を」に修正されることで、統語機能の次元でも「主語」から「目的語」へと変化している。つまりこの誤用例を添削する際には、まず意味役割の次元と統語機能の次元で「を」に添削する必要があるということになる。次に情報構造の次元において前文脈を加味して考えると、父と母が自分たちのために働いてくれているうえに「ほしいものは何でも買ってくれる」というように、「ほしいもの」を取り立てる必要があり、「を」より「は」が適していると判断されているということである。続いて(44)をみてみたい。(44)の「なれた」は、「慣れていない」状態から「慣れている」状態というように「変化の結果」を表し、「誰々が何々に慣れる」というように「動作主」を「が」、「変化の対象」を「に」で表す。この点から、学習者は「女の子」が「動作主」であることは認識しているものの「酒を売ること」が「変化の対象」となり、「に」が共起されるという認識がない可能性が考えられる。したがって(43)と同様に、意味役割および統語機能の次元においてエラーが発生しているということになる。そこで、まず「に」に添削を行う必要があり、さらに文脈上、後半の「酒を勧めるのは恥ずかしい」という部分との対比を行うために「は」に添削されているということになる。したがって、(44)も意味役割および統語機能の次元と情報構造の次元における誤用であるということになる。つまり、誤用の添削プロセスは以下のようになる。

(43)′ 兄と私にほしいもの〈が（→を）→は〉なんでも買ってくれます。
(44)′ 女の子は酒を売るの〈が（→に）→は〉なれたが、酒を勧めるのは恥ずかしい。

　以上、誤用パターンごとに誤用例をみてきたが、以上を踏まえると、「は」と「が」の選択の際には、「は」と「が」の区別が認められる意味役割の次元と情報構造の次元のうち、どちらか1つの次元における機能によって区別されるということがわかる。したがって、「は」と「が」の使い分けについて学習する際には、区別が認められる次元を踏まえて「は」と「が」を扱う必要があるということになる。また、本節で扱った誤用パターンは、最終的には情報構造の次元で「は」と「が」の選択が決定する場合が多い点を踏まえると、複数の次元において区別が認められる場合、「は」と「が」の区別がある次元の中で、もっとも機能範疇の大きい次元の機能が優先される傾向にあると考えられる。

4.1.4　文法分析における次元認識の必要性と残された課題

4.1.4.1　日本語教育における次元認識の必要性

　本節では、日本語教育の文法分析における次元認識の必要性について、誤用の分析を通して考察を行った。具体的には、まず先行研究を概観した結果、4つの術語は4つの次元にそれぞれ該当し、それらの術語は、1つの助詞の説明の際に共存し得ることがわかった。そのうえで、「は」と「が」が説明されている4つの術語は異なる次元であり、「は」と「が」の指導の際にその事実が学習者に提示されていないことを混乱の原因として指摘した。次に、「は」と「が」の選択に関して、まず助詞選択に影響を及ぼす次元を明らかにしたうえで、添削プロセスの考察を行った。その結果、助詞選択に影響を及ぼす次元は、意味役割と情報構造の2つの次元であることが明らかになった。さらに添削プロセスの考察を通して、「は」と「が」の選択の際には、意味役割の次元と情報構造の次元において「は」と「が」に区別があるかどうかを確認する必要があるということが明らかになっ

た。言い換えると、「は」や「が」は意味役割の次元と情報構造の次元に基づいて区別されているということである。さらに、複数の次元において使い分けが認められる場合には、最も機能範疇の大きい情報構造の次元の使用条件が優先される傾向にあることも示唆された。今後、本節で述べてきた文法分析における次元の存在というものを日本語教師がより意識して指導にあたることで、これまで困難とされてきた「は」や「が」の使い分けなどといった助詞選択の問題に関して、寄与できるのではないかと考えられる。

4.1.4.2　残された課題

　本節では文法分析における次元が助詞選択に影響を及ぼす点については述べてきたものの、具体的な使用条件については述べられていない。この点は、「は」と「が」の誤用における無助詞の誤用にも関わっていると思われる。この無助詞の誤用とは、たとえば「子供にスマートフォンは必要〈が→◯〉ない」のような、無助詞のほうが「は」や「が」を用いるより適切である場合のことである。「無助詞」が「は」と「が」の使用条件と関わっている理由として、そもそも「助詞」とは何かという点が関係していると思われる。なぜなら、「は」と「が」の使用条件を明らかにする前に、そもそも「助詞が必要か否か」という「助詞」自体の機能を明らかにしなければ、それぞれの使用条件についても検討できないと考えられるためである。そこで次節では、これらの点を解決すべく、「無助詞」の観点から分析を行うこととする。なお、本節においては、実際に「は」と「が」を選択する際に複数の次元において区別が認められる場合、どの次元の機能を優先するべきなのかについては示唆する段階にとどまっており、詳しい検討ができていない。特にこの点については、「は」と「が」の基本的な機能にも関わっていると考えられるため、第5章において詳しく検討を行うこととする。

4.2　無助詞からみる「は」と「が」の選択決定要因

4.2.1　「は」と「が」の誤用における「無助詞」に関する問題

　日本語の文には、基本的に「助詞」が含まれており、「彼遊ぶ」のように「助詞」がない文は書き言葉ではあまり使用されないというのが一般的な捉え方である。一方で、話し言葉においては、しばしば「助詞がない文」が発話されることが指摘されている。この現象は「無助詞」や「省略」と呼ばれ、これまで日本語学の特に「話し言葉」の研究において、頻繁に議論がなされてきた。一方で上述したように、書き言葉においては「助詞がない」状態は許容度が低いとされている。これは、日本語学習者の作文において、(45)〜(47)のような例が誤用とされていることからもわかる。

(45)　始め〈○→は〉、絶対嘘だと思っていた。(学習歴10年)
(46)　北京に来てからもう三か月〈○→が〉過ぎた。(学習歴7年)
(47)　町の映画館とは比べものにならない大礼堂に暖房〈○→が〉ついていなくて、窓から風が入って来て、ことに寒い感じがしていた。(学習歴1年半)

　(45)〜(47)は、学習者が書いた助詞がない状態の文に対して、「は」や「が」といった助詞が必要であると判断されたために誤用と見なされ、添削が行われていることを示している。たとえば(47)は、「が」がなければ「書き言葉」としては不自然である。しかしながら、(45)と(46)はどうであろうか。書き言葉であるが故に「助詞がない」状態が許容されず誤用と見なされた、という解釈は果たして適切であろうか。たとえば、日本語の書き言葉のデータが収集されている『中納言書き言葉均衡コーパス』で調べてみると、以下のような例が散見される。

(48)　はじめ、チョコレートの箱かとおもった。(肥田美代子『ちょっ

と気になる転校生』）
（49）　入隊してから一か月過ぎた。（別所誼旺『昭和物語』）

　（48）と（49）はいずれも書き言葉で、さらに（45）と（46）の文構造とそれぞれ比較しても大きな差はないと思われる。それにもかかわらず、（48）や（49）では、「は」や「が」といった「助詞がない」状態で「正用」として文が成立している。このような現象は、「省略」や「無助詞」と深く関係していると思われる。また、先述したようにこれまでの研究においては、このような「助詞がない文」については「話し言葉」における現象として扱われてきたが、本書で対象としている『YUK タグ付き中国語母語話者日本語学習者作文コーパス』Ver.10 内における誤用例を確認する限りでも、一定数このような現象が確認されることから、「話し言葉」に限らず「書き言葉」においても「助詞がある」ということだけでなく、「助詞がない」ということにも何らかの規則が存在すると考えざるを得ない。そこで本節では、「無助詞」や「省略」といった現象を、従来のような「話し言葉」に焦点を当てるのではなく、「書き言葉」に焦点を当てて分析を行いたい。

4.2.2　「省略」と「無助詞」に関する本節の立場

　「助詞がない文」について論じる際、これまでの研究においては主に2つの立場から論じられてきた。それは、「省略」と「無助詞」である。すなわち、「助詞がない文」というものを、もともと「助詞がある」ことを前提として、助詞が「省略」されている状態と捉えるか、あるいはもともと助詞があるかないかについては不問とし、「助詞がない」という結果に焦点を当て「無助詞」と捉えるか、という2つの見方である。そこで本節では、本題に入る前に、まずこの「省略」と「無助詞」という2つの立場を概観し、本節の立場を示したい。したがって本節ではまず、従来の先行研究を踏まえて「省略」と「無助詞」の違いについて検討したい。高見（2014）では「省略」について、次のように説明されている。

> 話し手は，通例，自分の言いたいことを一字一句もらさず表現するのではなく，聞き手が文法知識や文脈，社会常識から理解できる要素は省略して表現することができる。
>
> (高見 2014, p.308)

つまり、「聞き手にとって言われなくてもわかる」ことは省略することができるということになり、したがって「省略」は原則として、「省略」される前と「省略」された後で意味が変わらないということになる。

続いて、「無助詞」についてみてみたい。丹羽（2014c）によると、「無助詞」とは、助詞が用いられてもおかしくない位置に、その助詞が現れない形であるとされている。さらにそのうえで、「無助詞」には2種類あるとされ、以下のように説明されている。

(50)　雨が降っている。/ 雨 φ 降ってる。
(51)　私は知っています。/ 私 φ 知ってます。
(50)'　無助詞格（格関係が無助詞である場合）
　　　格助詞がある場合と比べて，口語的であるという文体差はあっても，意味機能の点では特に異なりがない。
(51)'　無助詞主題（主題が無助詞である場合）
　　　話し言葉に現れるのが原則。意味機能上も，「は」は対比性を伴う主題を表し得るが，無助詞は対比性を持たない。

(丹羽 2014b, p.602)[5]

1つは、1つ目の例のように「雨が降っている」が「雨降ってる」になっているような場合である。これは、丹羽（2014c）によれば「無助詞格」と呼ばれ、格助詞がある場合と比べて、口語的であるという文体差はあっても、意味機能の点では格助詞がある場合とない場合で特に違いがないとされている。ここから、「無助詞格」は「省略」と同様のものとして解釈できよう。もう1つは、丹羽（2014c）で「無助詞主題」と呼ばれるものである。「無助詞主題」というのは2つ目の例の「私は知っています」の

無助詞文、「私知ってます」のようなものである。つまり、「は」があると対比性を伴う主題を表すことができるが、「無助詞」であれば対比性を持たず、主題であるということだけを示すことになるというものである。この「助詞の有無」によって「対比性」という意味（あるいは情報構造）の側面に差異が生じるという点において、「省略」とは異なるといえる。したがって、丹羽（2014c）に基づけば、「無助詞」には「省略」として捉えられそうなタイプのものと、「省略」とは捉えにくいものとがあるということがわかる。おそらくこの点は、「省略」と「無助詞」を厳密に区別することを困難にする原因の1つであるといえよう。これはたとえば冒頭で示した（45）〜（47）の例からもうかがえる（以下、（52）〜（54）として提示する。便宜上、誤用例を添削前と添削後の両方を以下に示すこととする。それぞれa.が添削前、b.が添削後の状態である）。

（52） a. はじめ＿、絶対嘘だと思っていた。
　　　 b. はじめは、絶対嘘だと思っていた。
（53） a. 北京に来てからもう三か月＿過ぎた。
　　　 b. 北京に来てからもう三か月が過ぎた。
（54） a. 町の映画館とは比べものにならない大礼堂に暖房＿ついていなくて、窓から風が入って来て、ことに寒い感じがしていた。
　　　 b. 町の映画館とは比べものにならない大礼堂に暖房がついていなくて、窓から風が入って来て、ことに寒い感じがしていた。

　まず（52a）と（52b）をみてみると、（52a）と（52b）では文意の捉え方は大きく変わらないように思われ、「省略」と捉えられるようにも感じられる。しかし（52a）に関しては、（52b）と比較すると若干対比のニュアンスがなくなっているようにも捉えられる。そのため、「省略」とするかどうかは明確ではないと思われる。次に（53）は、「が」があると排他のニュアンスを感じる一方で、文法的に考えると、「過ぎる」という述語に必要な「対象」を表す格助詞「が」のようにもみえる。したがって、（53）も（52）と同様に、「省略」か「無助詞」かを規定するのは難しいことがわかる。そして（54）

は (52) や (53) に比べると、「助詞がない」状態は非文に捉えられやすい一方で、「省略」と捉えても問題なさそうでもある。以上、(52)〜(54) の用例について考察を行ってきたが、「無助詞」か「省略」かは、なかなか規定しにくいということがわかる。特に (52) と (53) の場合は、その判断が難しい可能性が高い。この点は、先行研究において様々な立場が見受けられることからも読み取れる（表 4-1 参照）。

　つまり、表 4-1 のように「助詞がない」文に対する捉え方は、先行研究においても見解が一致していないということがわかる。特に、「無助詞」と「省略」のどの立場で論じるかについては明記されていたとしても、「無助詞」と「省略」の区別、つまりどのような違いがあるのかという点については、あまり明確にされていない場合が多い。それはなぜなのであろうか。「省略」と「無助詞」の定義から再度検討してみよう。先に述べた高見（2014）と丹羽（2014c）の定義を基に簡潔にまとめるとそれぞれの定義は以下のようになる。

　　「省略」　：聞き手が文法知識や文脈、社会常識から理解できる要素を
　　　　　　　表さない形
　　「無助詞」：助詞が用いられてもおかしくない位置に、助詞が現れない形

　上記の定義から、「省略」はそもそも「なくても理解できる」から「使用しない」という立場であることがわかる。これは上述したように、「もともとそこにあるべきもの」であるということにもつながる。一方で「無

表 4-1　先行研究における「省略」と「無助詞」に対する立場

著者（年号）	先行研究の立場
久野（1973）	すべて「省略」と見なす
尾上（1987）	「は」と「が」の「省略」については言及なし
加藤（1997）	「無助詞」と「省略」とを区別しない
黒崎（2003）	「無助詞」と「省略」のどちらも認めて区別する

助詞」は、「用いられてもおかしくない」とされていることから、「もともとそこにあるべき」か否かというよりも、「助詞を付加することも可能である」というように受け取れる。すなわち、「省略」は「本来あるべきものがない」という捉え方である一方で、「無助詞」は本来助詞があるべきかどうかではなく、「助詞が入る可能性がある」という捉え方であるということがうかがえる。言い換えれば、「省略」は「助詞がある」状態を基準とした考え方であるのに対して、「無助詞」は「助詞がない」状態を基準とした考え方であるともいえよう。したがって、「省略」と「無助詞」の違いは「本来助詞があるべきか否か」という点に最も大きな違いがあると思われる。

この点を踏まえてこれまでの研究をみてみると、「助詞がない文」についての研究は「助詞」を軸として考察が行われてきたということが明らかになる。特に、この点に関しては「無助詞」と「省略」のいずれの立場においても共通して「助詞がない」ことが「助詞の持つ意味を排除する」ことになるという捉え方が主流であることからもうかがえる（表4-2）。

たしかに以下の(55)～(58)のような例がなぜ誤用とされたのかという点については表4-2の先行研究で説明できる。

(55) 部屋に4人〈が→○〉います。（学習歴半年）
(56) バイト先では、みんな〈は→○〉私が学生だと知っている。（学習歴4年6か月）
(57) 予定されている第1回「日本語の誤用及び第二言語習得研究」研究会の準備など、先生と事務局の皆さん〈は→○〉お疲れ様でした。（学習歴32年）

表4-2 先行研究における「助詞」を軸とした捉え方

著者（年号）	先行研究における説明
長谷川（1993）	「無助詞」は、「助詞」の有する聞き手の注意を喚起する「信号性」と対比性や排他性を避けるための「やわらげ」である。
野田（1996）	「が」の使用・不使用は排他性の有無に関係する（「助詞」を使用すると排他性が付加される）。

(58) 今の日本人は経済とも政治とも不安定な局面に直面し、心身〈が→○〉穏やかではないからである。(学習歴3年半)

つまり、もともと「は」や「が」がある状態が本来の形であるが、「助詞」の持つ「対比性」や「排他性」が不要であるために、削除されたということになる。しかし一方で、以下の(59)～(61)のような例はどうであろうか。

(59) しかし、日本語において、漢字の読み方は訓読み、音読みの二つ〈○→が〉あり、同じ漢字でも発音が異なる。(学習歴3年半)
(60) 朝〈○→は〉空気がたいへんきれいです。(学習歴半年)
(61) 雨音だけでなく、他の普段〈○→は〉気付けない音もいろいろ聞こえるようになる。(学習歴7年半)

(59)～(61)は、たしかに「は」や「が」を付与することで対比や排他的なニュアンスを付加することができるとも捉えられる。しかしながら、果たして「は」や「が」が付加されている状態が「無標」的な文といえるのであろうか。おそらく上記の例の場合、むしろ「は」や「が」がないほうが「無標」的であると捉えられる。言い換えれば、この(59)～(61)のような文は、「は」や「が」がない状態を基本と捉えるのが適切であるということである。

そうすると、これまでの先行研究における「助詞」がある文を基本とする立場に問題が生じることになる。つまり、「助詞」がある文を基本とすることによって、「助詞がない」文がある種「有標」的な位置を占めるということになるが、上記の例のような場合はその限りではないということである。この点については、特に「省略」と見なす立場をとる先行研究の問題点ともいえる。なぜなら、「省略」と見なす立場は、「助詞」がある文を基本とし、その「助詞」を提示しないことによって「助詞」の持つ機能を排除するという意味で、「助詞がない」文を基本とはしていないと解釈できるためである。その点、「無助詞」という立場はより中立的かつ的確

であると思われる。なぜなら、上述したように「無助詞」は「助詞」がある状態と比較して規定されているのではなく、単にそこに「助詞がない」という状態を表しているだけであるという立場であるためである。したがって、本節では「助詞がない」状態を「無助詞」として捉えることとする。

　一方、「無助詞」の立場をとる先行研究でも、上述したように「無助詞」の機能については、「省略」の先行研究と同様に「助詞がある」文を基本とした捉え方がなされている場合が多い。たとえば、加藤(1997)では、「無助詞」の機能について多角的に論じられているものの、「無助詞」の機能を「脱焦点化機能」と規定している。これは言葉のとおり、「助詞」によって「焦点化」されている状態を脱するという意味である。つまり言い換えれば、もともと「助詞」によって「焦点化機能」が付加されている状態を基本とし、「無助詞」の状態に変更することで「焦点化機能」を脱するという捉え方であるということになる。この「助詞」がある状態が先か、ない状態が先か、という点に関しては、母語話者が助詞を使用するか否かの選択においてはさして問題はないと思われる。しかしながら、学習者が文を作成する際には、これは大きな問題となる。特に(59)〜(61)のような「助詞」がない状態が自然であると捉えられるような文の場合、「助詞」を付加することで違和感のある文になってしまうような現象は多く見受けられる。そこで本節では、「助詞がある状態」を基本として捉えるのではなく、「無助詞」そのもの、つまり「助詞がない」ということ自体を「無助詞」と定義し、分析を行うこととする。

4.2.3　研究対象と研究の手順

　研究対象については、『YUK タグ付き中国語母語話者日本語学習者作文コーパス』Ver.10における「は」と「が」の不使用と過剰使用(全1,579例)を対象とする。これは、本節で目的とする「無助詞」の機能を明らかにするには、「不使用」と「過剰使用」という「助詞」の削除および追加に直接的に関与している誤用を分析することが最も適当であると判断したため

である。具体的な誤用数としては、「は」の不使用（〈○→は〉）が584例、「は」の過剰使用（〈は→○〉）が253例、「が」の不使用（〈○→が〉）が516例、「が」の過剰使用（〈が→○〉）が226例である。なお、それぞれの誤用については、括弧内の記号を用いて示す。

次に研究の手順について説明する。まず、誤用データのうち、本来助詞を使えない箇所に助詞を使用している例を除外する。これはたとえば、動詞のすぐ後に助詞がついているというように、「あきらかに日本語の文としておかしい」と判断できるような例を除外するということである。次に、文体や文脈を問わない場合について、つまり話し言葉か書き言葉か、そして文脈上どう捉えるべきか、ということを問わずに、その文が日本語として成立するかどうかという観点から分類を行う。続いて、文体を考慮した場合、つまり文脈は問わないものの書き言葉として問題があるかどうかという点から分類を行う[6]。なお、分類としては添削しなくても許容される例を「○」、必ず添削が必要と判断される例を「×」、場合によって添削される場合とされない場合がある可能性がある例を「△」とし、3分類したうえで、「×」と「△」はいずれも「無助詞が許容されない例」として扱い、「無助詞」が許容される場合と許容されない場合における意味機能を分析・考察する。

以下、分析の結果を示しながら、具体的に考察を行うこととする。

4.2.4 誤用の分析

4.2.4.1 データの全体像

まず、誤用データでは、文体および文脈を問わない場合、添削が必要と判断される例はなかった。つまり、文体も文脈も考慮しなければ、すべて無助詞でも容認できるということである。それでは、文体や文脈を考慮するとどうなるのであろうか。

まず、全体像としては図4-1のとおりである。

図4-1より、「は」と「が」ともに、過剰使用は不使用の場合よりも無助詞が許容される割合が多く、特に「が」の過剰使用においては70%を

第4章　誤用からみる「は」と「が」の基本的機能　113

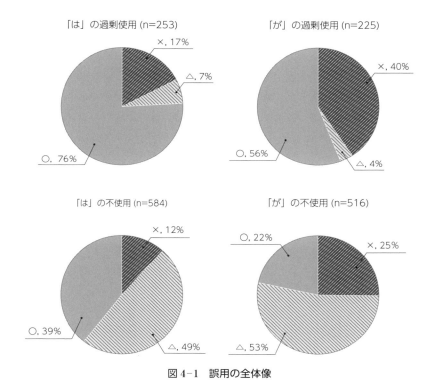

図 4-1　誤用の全体像

超えていることがわかる。一方で、不使用に関しては、「は」と「が」ともに、「△」と「×」、すなわち無助詞が許容されない例が全体の 60％以上を占めていることがわかる。他方、不使用においても、「△」つまり完全に許容されないとも言い切れない例が全体の約 50％を占めており、考察の余地があると考えられる。

　そこで以下では、許容不可（×・△）と許容可能（○）の違いについて、具体例の分析を通して考察を行うこととする。次の (62)〜(65) は許容される、即ち添削してもしなくてもどちらでも書き言葉の文として成り立つ例である。

　(62)　下人が揺れているとき、老婆〈○→が〉独りで現れた。（学習歴

3年半）

(63) 春秋になると、朝晩〈が→○〉肌寒く感じ、豊醇な古酒に飲み変わり、筒盃の出番になる。（学習歴3年半）

(64) 中国でお酒とタバコ〈○→は〉両方とも人間関係を深めるのに欠かせないものである。（学習歴3年半）

(65) 今の中国には確かにたくさんの問題が存在しているが、これから〈は→○〉だんだん改善していくと信じている。（学習歴5年半）

これらの例の特徴として、まず文をみただけで文脈を予測しやすいという特徴がある。たとえば、(62)の「老婆独りで現れた」というのは、無助詞であったとしても、「老婆」が「現れた」人であるということがわかる。このように、特に文において主要素（主体等）の振る舞いがわかりやすいというのも、許容される例の特徴として挙げられる。次に、許容されない例をみてみよう。

(66) 中国の漢字は最初はもの、ことの声または外形によって作られて、その後長い時間で人々〈○→が〉書くのに便利に、書道の美しさを追求するため、だんだん今の字形になってきた。（学習歴1年半）

(67) 更に集めたデータについて調べたところ〈が→○〉、同じ漢字文化圏に属する中日両国でも、見慣れた動物たちに対するイメージがかなり違っていることが分かった。（学習歴3年半）

(68) 布美枝に運命の出会いが訪れたの〈○→は〉29歳の時だった。（学習歴4年）

(69) しかし、それは仕方がないことです。人それぞれ〈は→○〉生活が違えば、歩む人生も違います。（学習歴10年）

(66)〜(69)は(62)〜(65)の場合と異なり、その文の内容あるいは文脈を予測しにくかったり、誤解される可能性が高かったりするものが多い。たとえば、(66)を「その後長い時間で人々書くのに便利に」のままにし

た場合、「人々を」書くのか、「人々が」書くのか、という点は文意の把握に特に重要となるが、そこが明示されていなければ誤解を招きやすい。特にこのような文における主要素がわかりにくい場合には、文の理解に影響を及ぼす可能性が高い。さらに、一文内（従属節・主節／前件・後件）におけるつながりが読み取りにくいという点も特徴として挙げられる。このように、許容されない例における助詞の有無は、文意を正確に把握できるか否かという点において特に重要な役割を担っていることがわかる。

4.2.4.2 「助詞」の機能

以上でみてきたような助詞の持つ機能については、先行研究においても指摘されている。たとえば、肥田（2022b）では「は」と「が」は単に文法的な役割を果たすものではなく、言外の意味を付与する機能が中心である、とされている。さらに、肥田（2022a）でも情報構造の次元が優先されると指摘されており、つまり文脈上の意味を示すという機能が助詞の機能として挙げられている。このような先行研究を踏まえても、助詞の基本的機能は情報構造における意味付与の機能であるということがわかる。つまり、助詞の有無が文意把握に大きな影響を与えているということである。そしてさらに本書の分析に基づくと、この点は、文脈つまり情報構造の差によって助詞使用に関する制約が異なるという点にも関係していると思われる。

4.2.4.3 文体と「助詞」の使用・不使用

それでは、「話し言葉」と「書き言葉」といった文体の差はなぜ「助詞」の使用・不使用に影響するとされているのであろうか。それは、それぞれの文体が持つ特徴や性質と関係していると考えられる。以下、具体的に説明を行う。

まず、書き言葉の特徴として、書き手と読み手が同時に「書く」「読む」という行為を行わず、書き手の伝えたいことが読み手に正確に伝わっているか常に確認できる状態ではないという前提があることが挙げられる。これは野村（2019, p.17）において「書き言葉は聞き手の前で消えて行くの

ではなく、可視的に対象化され残存する」と述べられていることや、野田（2014, p.61）において「本来、文字言語は時間や空間を超えて情報が伝達されるという性質をもつ」と指摘されていることからもわかる。したがって書き言葉を用いる際には、文面のみで正確に情報を伝える必要があるため、文意の表現に明確さが求められるということになる。その点を踏まえると、情報構造上の意味を表す「助詞」が使用される傾向にあるということも理解できる。反対に話し言葉は、話し手と聞き手が同時にかつ同じ場所で「話す」「聞く」という行為を共有しており、話し手の意図が聞き手に正確に伝わっているかどうかを常に確認できる状態にあるというのが前提となっている。特に「助詞」に関しては、金水（2014, pp.3-5）において述べられている話し言葉の5つの特徴のうちの「場面依存的」な側面に関わっている。金水（2014）では、「場面依存的」な側面として「個別言語の文法によって、省略できる成分が異なるが、それぞれの文法が許す範囲で必要最小限の発話量にとどめようとする傾向があり、省略や簡略表現が多くなる」と述べられている。この金水（2014）の指摘を踏まえると、「話し言葉」には「場面依存的」な側面があるため、文意を正確に表すための「助詞」の存在を明示しなくとも、会話に参加している人々が常に互いに確認し合うことができる環境が整っているということになる。したがって、「話し言葉」においては、「助詞」を使用しなくても文意把握に問題が生じない場合が多いということになる。

4.2.4.4 「無助詞」の機能

　以上、誤用の分析を通して、「助詞」の使用・不使用について考察を行ってきたが、それでは結局、無助詞はどのような機能をもつのであろうか。この点を考えるためには、まずは日本語の文がどのようなものなのかを考える必要がある。寺村（1982）では、日本語文の構造は「述語」と「補語」から成るとしたうえで、ある動詞が述語として使われるとき、①それがどういう種類の補語を必要とする意味特性をもったものであるか（意味の構造）、②その補語の種類を明示する格助詞は何か（カタチ作り）の2つで構成されると述べられている。つまり、文の作成過程をまとめると以下

の図4-2のようになる。図4-2の例を用いて説明すると、まずは「食べる」のような述語が土台となり、その述語に求められる意味役割（「食べる」であれば動作主や対象）が決定する。そして、それぞれの意味役割に対応する名詞句（図4-2では「太郎」が動作主、「ごはん」が対象）が決定し、最後に格助詞（図4-2では「が」と「を」）をつけると完成するということになる。

次に、図4-2における無助詞文の状態をみてみよう。図4-2における無助詞文は[3]である。[3]の段階は、文において最低限必要な要素が揃った最も基本的な状態であるといえよう。そしてその次の[4]の段階に移ると、それは情報構造つまり文脈上の意味も含めて最終的に完成した状態であるということがわかる。以上の点を踏まえると、「無助詞」の機能は「文の最も基本的な状態を表す」ということになるのではなかろうか。

これまでの研究では、上述したように「脱焦点化機能」（加藤 1997）や「やわらげ」（長谷川 1993）といった「もともとある助詞の機能を弱くする」というような機能が「無助詞」の機能であるとされてきた。これは「助詞がある文」というものを軸として考えれば、当然の解釈であると思われる。しかし、文というのは、そもそも初めから完成しているわけではない。先ほど述べたように、文というのは、少しずつ要素が加わることによって完成するものである。それにもかかわらず、従来の先行研究のように「助詞がある」状態を基本として考えると、文の作成過程を逆から捉えることになる。これは文の作成過程を考えると問題であると思われる。したがって、本節では、上述のような従来の考え方ではなく、無助詞の状態を基本としたうえで、助詞が意味付与を行うという手順を踏むことによって、日本語の文が完成するというような捉え方が必要だという点を主張したい。

---

[1] 述語　　→　[2] 意味役割が決定 → [3] 意味役割に対応する名詞(句)が付与→[4] 格助詞
　　食べる　→　　動作主・対象　→　　太郎　ごはん　食べる　　　　→　太郎がご飯を食べる

図4-2　文の作成過程

4.2.5 まとめと残された課題

以上、本節では「助詞」と「無助詞」の機能について、誤用の分析を通して考察を行ってきた。明らかになった点は以下のとおりである。まず、「省略」と「無助詞」の違いについて簡潔にまとめると以下のようになる。

「省略」　：既に完成した（助詞がある）文を基本として捉える場合における助詞がない状態。
「無助詞」：文の作成過程に基づいた（助詞がない文を基本として）捉える場合における助詞がない状態。

さらに、上記を踏まえて「無助詞」の機能を検討した結果、述部を中心とした最も基本的な必要最低限の情報が記載されている文を表す機能であるということが明らかになった。本節の成果は、特に日本語の作文を学習者が行う際、「無助詞」を基本とした文を作成したうえで、どこに助詞を置くか、という点を踏まえて文を作成する必要があるということが明らかになった点である。したがって、日本語教育の現場において、今後はその点を特に作文の学習の際の基本として抑えておく必要があると思われる。

なお、本節では「無助詞」の機能について考察するにとどまり、「無助詞」の状態から「助詞」を付与する際に、それぞれの「助詞」がどのような意味機能を有するのかについては明らかにできていない。そのため、「助詞」の意味機能の詳細についても明らかにする必要があると考えられる。そこで次節では、この意味機能について考察を行うこととする。

4.3　等位的複文の誤用からみる「は」と「が」の意味機能

本節では、従属節が等位節である複文（以下、等位的複文とする）に着目し、「は」と「が」の意味機能の考察を行うこととする。

日本語記述文法研究会編（2008, p.257）では、「欧米の大学は，入るのは簡単だが，出るのがむずかしい。」[7]を例に挙げ、等位的複文には「対比」

を表す場合があることが指摘されている。同時に、例からもわかるように、そのような「対比」を表す等位的複文には、従属節や主節に「は」や「が」が使われていることがある。そしてたとえば「入るのが簡単だが、出るのはむずかしい」のように、それぞれの「は」や「が」が仮に交替したとしても、従属節と主節の関係が「対比」であることに変わりはない。この点について、これまで一般的に助詞の「は」が「対比」の意味機能を持つとされてきたことを踏まえて考えてみると、等位的複文においては「は」や「が」が「対比」か否かを決定しているとは言い難いように思われる。それでは、「は」や「が」は一体何を示すものなのであろうか。この点を明らかにするために、本節では等位的複文を対象とし、誤用の分析と考察を行うことで「は」と「が」の意味機能の再考を行うこととする。

等位的複文における「は」と「が」の誤用には、以下のような例がみられる。

(70) 厦門は環境〈は→が〉いいし，経済が速く発展しています。(学習歴1年)
(71) 日中記事とも名詞、動詞〈が→は〉多いが、接続語や感動詞は極めて少ない。(学習歴3年半)
(72) 「湘菜」(湖南料理)の中に「酸辣味」があるし、江西省に「不怕辣，怕不辣」(辛いのが怖くない、辛くないの〈が→は〉怖いという意味[8])という言い方がある。(学習歴6年か6年以上)
(73) そのほか、日本の面積〈が→は〉広くなく、資源が少ない、地震が多いなどの生存環境は日本人に危機感と憂患意識を与えている。(学習歴3年半)

従来、このような文は主に複文研究の中で扱われてきたといえよう。日本語記述文法研究会編（2008）によると、「複文」は（述語を）「2つ以上もつ文」(p.3)であると定義されたうえで、「従属節が主節に対して果たす役割によって，複文は大きく，補足節，名詞修飾節，副詞節，等位節・並列節の4種類に分かれる」(p.5)とされている。さらに、「等位節・並

列節」はそれぞれ、「サメは魚類だが，クジラは哺乳類だ。」のような「主節に対して従属度が低く，対等に近い関係をもつ節を等位節」とし、「日曜日には，本を読んだり音楽を聞いたりします。」のような「主節以外のほかの節と対等の関係で並べられた節を並列節」としている（日本語記述文法研究会編 2008, p.253）。以上の定義に基づくと、上記4例の誤用箇所に関わっているのは、すべて「等位節」であるといえよう。この「等位節」の複文では、ほかの典型的な従属節の複文と比較した際、モダリティ形式や従属節と主節の丁寧度の一致・不一致などといったいくつかの点において、制約が異なるようである。そしてこの点は、本書で対象とする「は」と「が」についても、使用上の制約に違いがある。たとえば日本語記述文法研究会編（2008）では、「典型的な従属節では，（中略）節の中に主題の「は」は現れないが，等位節では，（中略）問題なく現れる。」（p.255）と述べられている。これは、「等位節」が、ほかの従属節と異なり「主節に対する従属度はほかの従属節とは違って格段に低い」（p.255）ためであると考えられる。すなわち、複文の中でも「等位節」と呼ばれる節を有する複文は、主節との関係は対等であるため、各節における「は」と「が」は、もっとも基本的な「は」と「が」の機能に基づいて選択されるとも考えられよう。そして、以上を踏まえて(70)～(73)の例をみてみると、以下の(70)'～(73)'のようにここで誤用とされている「は」あるいは「が」を使用したとしても、統語的にはいずれも問題なく成立することになる。

(70)' 厦門は環境〈は〉いいし，経済が速く発展しています。（学習歴1年）
(71)' 日中記事とも名詞、動詞〈が〉多いが、接続語や感動詞は極めて少ない。（学習歴3年半）
(72)' 「湘菜」（湖南料理）の中に「酸辣味」があるし、江西省に「不怕辣，怕不辣」（辛いのが怖くない、辛くないの〈が〉怖いという意味）という言い方がある。（学習歴6年か6年以上）
(73)' そのほか、日本の面積〈が〉広くなく、資源が少ない、地震が多いなどの生存環境は日本人に危機感と憂患意識を与えている。

（学習歴3年半）

このように、等位的複文における「は」と「が」は、統語的にみれば、どちらでも選択可能となる。そのため、学習者の等位的複文における誤用の中には「は」と「が」の選択に関わる誤用が散見される。つまり、学習者にとって、等位的複文における「は」と「が」の選択が難しいということがいえよう。そこで本節では、等位的複文を対象に、日本語学習者の「は」と「が」の誤用例を分析したうえで、「は」と「が」の機能を明らかにすることを目的としたい。

4.3.1 「は」と「が」の誤用からみる先行研究の問題点

本節では、等位的複文における誤用から「は」と「が」の意味機能について考察する前に、先行研究における現状を示す[10]。

これまで「は」と「が」については、「〜は〜が…」構文などといった構文の制約、形容詞述語や名詞述語などの述語の制約、主題や対比の「は」、総記や排他の「が」のような「は」と「が」の意味機能など様々な視点から研究が行われてきた（三上 1953・1963；柴谷 1978；丹羽 2006；庵 2020；益岡 1987；仁田 2014 など）。そこで、まずは上述した構文からみる研究、述語からみる研究、意味機能からみる研究の3つに関わる先行研究を順にみてみたい。

まず、構文からみる研究であるが、これは上述した「複文」における「主節」と「従属節」との関係を踏まえた制約がその1つであろう。しかしながら、先述のように等位的複文においては「主節」と「従属節」が対等な関係であるため、「は」と「が」を構文的に制限するということはなさそうである。

次に、述語からみる先行研究についてみてみたい。述語からみる研究のうち、「は」と「が」が頻繁に議論されてきたのは「形容詞述語」であろう。これは、日本語の教科書（『初級日本語 げんきⅠ（第2版）』『新編日語1』など）において「は」と「が」と述語が関連付けられているのが「形容詞

述語」のみであることからもうかがえよう。形容詞述語と「は」と「が」の関係について言及されている主な研究としては、「属性形容詞」と「感情・感覚形容詞」に関する先行研究が挙げられる。以下、具体的にみてみたい。たとえば益岡（1987）では、叙述の類型には「属性叙述」と「事象叙述」の2つがあるとされており、「属性形容詞と感情形容詞が，それぞれ属性叙述述語と事象叙述述語の働きをする，というのがその基本」(p.29)であるとされている。そして、「属性叙述文の重要な特徴の1つとして，対象表示成分が主文（主節）において一般に『主題』の形式で表される」(p.40)ことが述べられている。ここから、「属性形容詞」の文は一般的に「は」の形式で表されるということがわかる。また、仁田（2014）では、「感情・感覚形容詞」について、以下のように述べられている。

> 感情・感覚形容詞は，「僕は注射が怖い」「僕，刺さったとげが痛い」のように，感情や感覚を引き起こす機縁になるものをガ格に取る。さらに感情形容詞では，「僕，手が痛い」のように，感覚を感じる部位をガ格で取る場合もある。
>
> （仁田 2014, p.183）

ここから、「感情・感覚形容詞」は「が」の形式で表されるということが読み取れる。このように、形容詞述語と「は」と「が」の先行研究をみてみると、「形容詞述語」と「は」・「が」には関係があるように思われる。しかし、3.2でも明らかになったとおり、形容詞述語という点のみから「は」と「が」を規定するのは難しいと考えられる。念のため、上述の(70)～(73)でも検証してみよう。

(74) 厦門は環境〈は→が〉いいし，経済が速く発展しています。（学習歴1年）((70)の再掲)

(75) 日中記事とも名詞、動詞〈が→は〉多いが、接続語や感動詞は極めて少ない。（学習歴3年半）((71)の再掲)

(76) 「湘菜」（湖南料理）の中に「酸辣味」があるし、江西省に「不怕

辣、辣不怕」（辛いの が 怖くない、辛くないの〈が→は〉怖いという意味）という言い方がある。（学習歴6年か6年以上）（(72)の再掲）

(77) そのほか、日本の面積〈が→は〉広くなく、資源が少ない、地震が多いなどの生存環境は日本人に危機感と憂患意識を与えている。（学習歴3年半）（(73)の再掲）

　まず(74)は「いい」、(75)は「多い」、(77)は「広い」という形容詞が述語になっており、これらは「属性形容詞」である。そのため、「は」が選択されるという結果は上述の先行研究と一致する。一方で、(76)は「怖い」という「感情・感覚形容詞」が述語になっているにもかかわらず、「が」ではなく「は」が正用とされている。このように、述語からみる先行研究でも、すべての誤用例について明らかにすることは難しいようである。

　最後に、名詞からみる「は」と「が」の規定についての先行研究もみてみたい。名詞からみる「は」と「が」の先行研究としては、特に日本語教育においては、2.1でも述べたように、「主題」や「対比」「排他」「総記」といった用法が主に用いられているようである（『新大学日本語（第2冊）』『総合日語（第1,2,3,4冊）』など）。本節では、それらについて改めて順にみてみることとする。

　まず、「主題」と「対比」については助詞「は」と関係があるとされているようである。これは、たとえば野田（2014c）で、助詞「は」について以下のように述べられていることからもうかがえる。

　　助詞「は」には，主題を表す用法と対比を表す用法がある。（略）主題を表す「は」は，その文が「は」の前にある名詞について述べていることを表す。（略）対比を表す「は」は，他のものと比べて，それとは違うことを表す。

　　　　　　　　　　　　　　　　　　　　　　（野田 2014c，p. 488）

　次に、「総記」と「排他」についてみてみたい。これらは「が」と関係

があるとされているようである。たとえば、天野（2014）において、「が」は「雪子が美しい」のような前提となる命題、つまり、「美しいのはXだ」で問われているXへの解答となる項を表示しており、「解答提示」「焦点表示」といわれたり、〈他でもないAが〉〈この中でA（だけ）が〉といった意味が含まれることから「総記」「排他」といわれたりする、と述べられている。そしてこの「総記」や「排他」とは、野田（1996, p.15）で説明されている「が」についての記述のうち、「こうであるのはこれだけであり，ほかのものは該当しない」というような意味に該当する。

以上を踏まえて、先ほど述語からみる先行研究では説明しきれなかった以下の用例について、この名詞からみる先行研究から考えてみたい。

(78) 「湘菜」（湖南料理）の中に「酸辣味」があるし、江西省に「不怕辣，怕不辣」（辛いのが怖くない、辛くないの〈が→は〉怖いという意味）という言い方がある。（学習歴6年か6年以上）（(76)の再掲）

ここで分析の対象となるのは中国語（「不怕辣，怕不辣」）の説明箇所である「辛いのが怖くない、辛くないの〈が→は〉怖い」の部分である。まず、上述の「は」と「が」の先行研究を基にこの用例を説明した場合、前節は、「怖くないものは辛いものだけであり、ほかのものは該当しない」という意味になり、後節は「怖いものについて言えば、辛くないものである」あるいは「ほかと比べて、怖いのは辛くないことである」ということになる。ここで注目したいのは、もし仮に上述のような解釈を行おうとした場合、前後節において矛盾が生じることになるという点である。なぜなら、前節においては「ほかのものは該当しない」つまり、「ほかのもの」については排除しているにもかかわらず、後節においては「辛い―辛くない」あるいは「怖い―怖くない」などといった「対比」を行っていることになるためである。言い換えれば、前節では「ほかのもの」を排除し後節では「ほかのもの」を考慮するという結果になっているということである。さらに、ここで述べられている内容を再度みてみると、前節と後節では「辛

い―辛くない」あるいは「怖い―怖くない」などといった比較を行っていることが読み取れよう。その点を踏まえると、前節において「が」が用いられていることは、誤用として捉えられる可能性もあるのではないかと思われる。それにもかかわらず、この誤用例では前節の「が」は誤用と見なされず、後節の「が」のみが誤用とされており、名詞からみる「は」と「が」の先行研究では説明がつかないことになるのではないかと考えられる。

　以上のように、述語からみる先行研究だけでなく、名詞からみる先行研究の説明を用いても、「は」と「が」を完全に説明することが困難な用例がみられる。特に、「主題」と「対比」、「排他」と「総記」のような用語を用いて説明しようとすると、それぞれの用語の定義や相違についても曖昧であるということが浮き彫りになる。そこで、その理由を考えるために、それぞれの用語についてもう一度考えてみたい。以下、それぞれの用語をより深く理解するために、概念図を作成し、考察を試みることとする。

　「は」にまつわる「主題」と「対比」から考えてみよう。まず、「主題」の概念を図にすると、図4-3のようになる。

　図4-3では、様々なトピックが存在する中で、中心となるトピックが指定されている状態を示している。つまり、「この中の～についていえば……」というような意味を表すのが「主題」であるということになる。そ

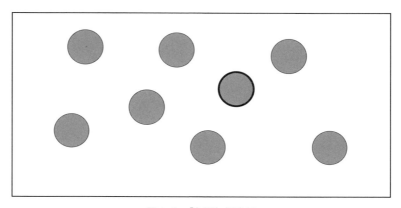

図4-3　「主題」概念図

のため、「は」で提示されている要素だけではなく、ほかのものの存在を前提とした概念であるということが図式化すると顕著になる。

次に「対比」についてもみてみたい。「対比」の概念を図にすると、図4-4のようになる。

図4-4では、様々な要素が存在する中で、一部の要素と比較したうえで、さらに特定の要素が指定されている状態を示している。つまり、「対比」というのは「比較すること」、言い換えると「比べる」ということが中心的な機能であるということがわかる。したがって比較対象の2つ（あるいはそれ以上）の存在をすべて踏まえたうえでの概念であるということになる。

以上の2つの概念をみてみると、どちらもほかの存在を踏まえた概念であるということがわかる。そしてそれこそが、「主題」と「対比」の区別が難しいということの所以でもあるのではないかと思われる。つまり、同じ前提条件を持った概念であるために、違いが曖昧であるということである。さらに、概念図をみてみると、基本的な構造としては、複数の要素があるところから1つ選んでいるという意味では「主題」でも「対比」でも特に変わりはなく、そもそも「主題」と「対比」という異なる概念として捉える必要があるのかについてさえ、疑問に感じられる。

続いて、「が」にまつわる用語についてもみてみたい。まず「総記」を

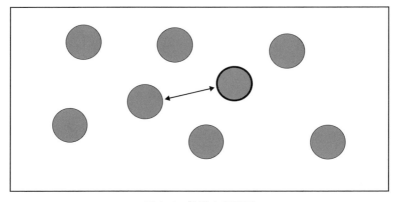

図4-4 「対比」概念図

概念図にすると図4-5のようになる。

　図4-5では、様々な要素がある中で、特定の要素だけが際立っているという状態が示されている。つまり、「総記」は、「この中でAだけが」という意味であることを示す。一方、概念図にしてみると、これは「ほかのものとは違う」ということを表しているとも捉えられよう。そのような意味では、ほかのものの存在を強く意識し、ある種「対比」しているようにすら感じられるのではないかと考えられる。

　また、「排他」についても同様に概念図にしてみると図4-6のようになる。図4-6は、「ほかを排除する」という意味から特定の要素以外は外に追い出すという意味での矢印を付与している。

　そしてこの図4-6の概念図からは、「特定の要素」ではなく、ほかのものを追い出すということにベクトルが向いているというようにも捉えられる。

　以上の概念図から、「総記」や「排他」というものは、「が」で提示されている物に意識があるというよりは、むしろそれ以外のほかの存在を除外する、あるいは外に追いやることのほうに意識が向いているようにすら感じられる。その点において、「総記」と「排他」はいずれもほかのものの存在のほうに意識が向いているという点で、「が」で提示されている要素とそれ以外の要素とをある種「対比」しているようにも捉えられ、「焦点」

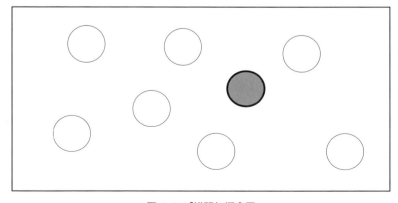

図4-5　「総記」概念図

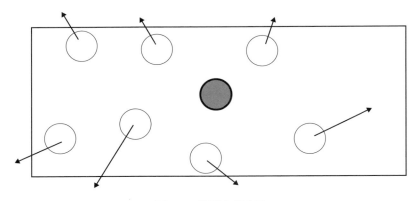

図 4-6 「排他」概念図

がどこにあるのかがわかりにくくなってしまっているように思われる。つまり、肝心の「が」で提示されている名詞に「焦点」があるようには感じられないような表現の用語になってしまっているのではないか、ということである。

　以上、従来の「は」と「が」の機能についての先行研究をみてきたが、用いられている「用語」が「は」と「が」の「捉え方」を適切に表しているとは言い難いということが明らかになった。これは、「用語」自体に問題がある、つまり表現に問題があるというよりも、その用語から想起されるイメージと「は」と「が」の機能に齟齬があるという点に問題があるのではないかと考えられる。したがって、次節以降、誤用例の分析を通して、「は」と「が」の機能の再考を行いたい。

4.3.2　誤用からみる「は」と「が」の機能

　本節ではまず、〈は→が〉の誤用、つまり「は」から「が」に添削された誤用例を対象に用例を分析し、正用とされている「が」の機能の考察を行う。次に、〈が→は〉の誤用、つまり「が」から「は」に添削された誤用例を対象に用例の分析を行い、正用とされている「は」の機能の考察を

行うこととする。

4.3.2.1 〈は→が〉の誤用からみる「が」の機能

それではまず、「は」から「が」に添削された誤用についてみてみよう。等位的複文における「は」から「が」に添削された誤用には、以下のような例がみられる。

(79) また、女性が「あんた」を使うのは男性より多く、男性〈は→が〉「お前」を使う頻度は女性より高いという傾向がある。(学習歴3年半)
(80) 日本人が認める美しさは決してうわべのことだけではなく、精神的な価値こそ〈は→が〉美しいと思われている。(学習歴1年半)
(81) 実際に、有対自動詞の中には1つの単語が単一の意味だけを表すものは少なく、複数の意味を表すこと〈は→が〉極めて多い。(学習歴6年)

(79)～(81)をみてみると、いずれも「女性―男性」「うわべのこと―精神的な価値」「単一の意味―複数の意味」といった具合に、等位節と主節の主部名詞がある種対比的に並列されているように読み取れる。これは等位的複文において頻繁にみられる現象ともいえよう。この点は、先行研究における説明でも以下のような例が挙げられている場合が多いことからもうかがえる。

(82) 欧米の大学は，入るのは簡単だが，出るのがむずかしい。(日本語記述文法研究会編 2008)
(83) 妻は病院へ行って，娘は遊びに行った。(日本語記述文法研究会編 2008)
(84) 上の子は高校生で，下の子は幼稚園児だ。(日本語記述文法研究会編 2008)

一方で、「は」と「が」の使用に注目してみると、一見、特別な規則はなさそうにも思われる。それでは、一体どのような基準で「は」と「が」が選択されているのであろうか。(79)～(81)の用例を分析してみたい。まず、分析の方法を検討するために、(79)～(81)の共通点を考えると、上述したように、主部名詞が対比的に提示されているという点が挙げられる。そこで、文における主部名詞の位置づけに着目して分析を行うこととする。

　まず、(79)では、「お前」を使う頻度について「女性」と「男性」で比較をしているという内容である。そして比較の結果、「女性」と「男性」では、「男性」のほうが使用頻度が「高い」ということを表している。この点を踏まえると、「女性」よりも「男性」のほうに焦点が当てられていることが読み取れる。これは、「より」という表現が、後者を焦点化する表現であるということからもうかがえる。

　次に (80) は、「日本人が認める美しさ」についての内容であるが、「うわべのこと」と「精神的な価値」を比較し、「精神的な価値」のほうに焦点を当てていると捉えられる。さらに、この点は「こそ」という焦点化を行う表現が用いられていることからもうかがえよう。

　そして (81) においても、「有対自動詞」が「単一の意味だけを表す」か「複数の意味を表す」かということについて、「複数の意味を表す」ほうが多く、それも「極めて」多いということが表されている。つまり、(81) についても (79) や (80) と同様に、焦点化の表現とともに「が」で表されている主部名詞がフォーカスされているということがわかる。

　以上の分析から、「が」はある特定の要素を焦点化する表現が含まれる場合が多いといえそうである。さらに、この点について、従来の「が」の説明に用いられていた「排他」や「総記」の概念を基に捉えてみると、次のようになる。まず、(79) は「お前」の使用頻度について、「男女のうち男性だけが高い」ということになる。しかしながら、実際には「女性」は男性に比べると低いものの、必ずしも「女性の使用頻度の高さ」を否定するということが含意されているとは捉えられない。次に (80) についても、「日本人が認める美しさ」の中で、「うわべのこと」が必ずしもすべて否定

されているわけではない。むしろ(80)では、「だけではなく」という表現があることを加味すると、「うわべのこと」も含まれているということにも捉えられよう。そして(81)も(79)や(80)と同じく、「単一の意味だけ」を表すものは「少な」いながらも存在していることが提示されており、有対自動詞の中で「複数の意味を表すもの」以外が否定されているわけではないことがわかる。

以上の分析を踏まえると、従来の「総記」や「排他」の概念は、文において伝えたい内容、つまり伝達意図と齟齬があるということがわかる。そこで上記の用例分析における伝達意図を踏まえて再度「が」について考えてみると、「が」で提示されている名詞は、ステージ上でスポットライトが当たっている人のような存在として認識できるのではないかと考えられる。つまり、図4-7のような形である。

舞台を想像してほしい。たとえば、舞台上で仮に観客から小道具を移動させている黒子がみえていたとしても誰も気に留めず、あくまでスポットライトが当てられている人にだけ注目するであろう。それと同様に、「が」で提示されている名詞についてのみ注目せよ、というのが「が」の機能であるのではないかと考えられる。すなわち、用語にするならば、焦点を特化する「焦点特化」が「が」の機能であるといえそうである。これは、「より」や「こそ」、「極めて」という表現が特に焦点を当てたい場合に用いら

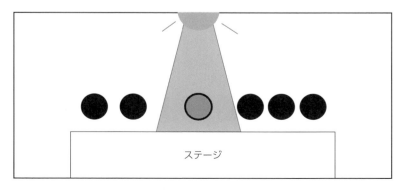

図4-7　「焦点特化」概念図

れる表現であるということを踏まえても、説明がつくのではないかと思われる。

4.3.2.2 〈が→は〉の誤用からみる「は」の機能

続いて、「が」から「は」に添削された誤用例についてもみてみよう。

(85) 一般的に言うと、模型は男の子が好きなもので、女の子〈が→は〉興味[11]がない。(学習歴2年半)
(86) 今まで、「上」に関する中日両言語の対照研究、つまり「上」に関する空間義の研究〈が→は〉よく見られるが、「下」の空間義に関する対照研究はあまりみつからない。(学習歴6年か6年以上)
(87) ハエもミツバチも忙しい、でも、人間はミツバチのほうが好きで、ハエのほう〈が→は〉嫌いだ。(学習歴2年半)

(85)〜(87)は、(79)〜(81)と同様に、「男の子―女の子」「『上』に関する空間義の研究―『下』に関する空間義の研究」「ミツバチ―ハエ」といった主部名詞の対比が行われているようである。他方、「よく―あまり」「ほう」といった表現が用いられている点は、等位節と主節の関係が(79)〜(81)とは異なることがわかる。表現が異なるということは、文における伝達意図が異なるということであろう。したがって、(85)〜(87)についても、何を伝えたいか、すなわち伝達意図を基に「は」と「が」の選択について考えてみることとする。

まず、(85)について考えてみたい。(85)では、一般的な「男の子の模型に対する評価」について述べた後に「女の子の模型に対する評価」について言及されている。つまり、「男の子」についての情報を踏まえたうえで、その違いについて言及されているということになる。そのため、「女の子」の情報は、「男の子」の情報ありきのものであることがわかる。次に(86)は、「『上』に関する空間義の研究」が「よく」みられるのに対して、「『下』に関する空間義の研究」が「あまり」みられないという構造になっている。ここでの「よく」と「あまり」というのは、それぞれ「『上』に関する空

間義の研究」と「『下』に関する空間義の研究」の量を比較したからこその情報であるともいえよう。その点において、ここでの伝達意図を適切に捉えるためには「『上』に関する空間義の研究」と「『下』に関する空間義の研究」のいずれの存在も欠かせないということになる。そして(87)についても、「嫌い」という評価は「ミツバチ」に対する評価を踏まえたうえでの情報であるといえよう。

以上のように、(85)〜(87)の例では、等位節と主節における主部名詞の存在ありきで伝達意図が適切に伝えられるという構造になっていることがうかがえる。さらに、「男の子」と「女の子」というのは「模型に対する評価を行う人」という点において、「『上』に関する空間義の研究」と「『下』に関する空間義の研究」は「空間義の研究」という点において、そして「ミツバチ」と「ハエ」は「忙しい」という点において、類似的な要素であることを踏まえると、「は」は様々な類似する要素があるということを踏まえたうえでの話であるということを示していることになる。つまり、「は」で提示されている要素以外の要素についても認識はしているということを暗に示しつつ、その中から「今回はこれについての話をする」といったように選び取っていると捉えることができるのではないかと考えられる。したがって、図示すると図4-8のようになると思われる。

つまり、まず該当の事物以外の、ほかの要素があるということを同時に提示し、ほかの存在を認識しているという点を暗に示す。そしてその認識している数ある選択肢の中から選んで指定するというのが「は」の機能といえるのではないかと考えられる。つまり、用語にするとすれば、「選択

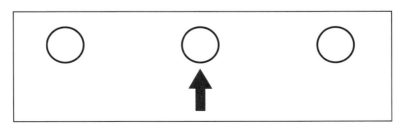

図4-8　「選択指定」概念図

指定」の機能ということになる。

4.3.3 「選択指定」の「は」と「焦点特化」の「が」の検証

以上、誤用例の分析を通して、「は」と「が」の機能をそれぞれ「選択指定」と「焦点特化」と定義した。そこで本節では、これを踏まえて、再度本節の冒頭で提示した4つの例を検証してみたい。

(88) 厦門は環境〈は→が〉いいし，経済が速く発展しています。(学習歴1年)((70)の再掲)
(89) 日中記事とも名詞、動詞〈が→は〉多いが、接続語や感動詞は極めて少ない。(学習歴3年半)((71)の再掲)
(90) 「湘菜」(湖南料理)の中に「酸辣味」があるし、江西省に「不怕辣，辣不怕」(辛いのが怖くない、辛くないの〈が→は〉怖いという意味)という言い方がある。(学習歴6年か6年以上)((72)の再掲)
(91) そのほか、日本の面積〈が→は〉広くなく、資源が少ない、地震が多いなどの生存環境は日本人に危機感と憂患意識を与えている。(学習歴3年半)((73)の再掲)

まず、(88)からみてみよう。(88)では、「環境」と「経済」の直後で「が」が用いられている。これを「焦点特化」で説明するならば、厦門で「いい」もののうち、あくまでも今、焦点化したいのは「環境」だけであり、「速い」もののうち、ここで焦点化したいのは「経済」でしかない、ということになる。つまり、「環境」と「経済」について注目してほしいだけであって、ほかの類似の要素を排除したり比較したりしたいわけではないということになる。

次に(89)は、「名詞、動詞」と「接続語や感動詞」の直後でいずれも「は」が使用されている。これについて「選択指定」を用いて説明した場合、「名詞、動詞」のほかに類似の「接続語や感動詞」「形容詞」のような選択肢

がある傍ら、「名詞、動詞」については「多い」ということや、あるいは「接続語や感動詞」のほかに「名詞、動詞」はもちろんのこと、「感嘆詞」なども含めた類似の要素はあるものの、「接続語や感動詞」に関しては「少ない」というようにほかの類似する要素の存在を含意しつつ、その文において主となる要素を選択し、指定して述べているということになる。したがって、主となる要素であることが従来「は」が「主題」の概念として捉えられやすかった理由であると考えられると同時に、類似する要素が選択肢として含意されているために「は」は「対比」の概念としても捉えられてきた理由であるのではないかと考えられる。

　続いて（90）もみてみたい。（90）では、「辛いの」と「辛くないの」の直後でそれぞれ「が」と「は」が選択されている。まず、「辛いのが怖くない」について「焦点特化」の「が」を基に考えた場合、「辛い」のほかの「辛くない」や「甘い」などといった選択肢については、存在している可能性も存在していない可能性もあるものの、ここではその点については加味せず、あくまでも「辛い」ということについてのみいえば、「怖くない」ということが伝達意図として捉えられることになる。つまり、「総記」や「排他」において排除されていた選択肢については、その存在の有無には特に考慮せずに、あくまで焦点化すべきものを提示しているだけであるということになる。他方、「辛くないのは怖い」に関しては、「選択指定」の「は」に従うと、「辛くない」もの以外の「辛い」ものや「甘い」ものなどといった類似する要素の存在を踏まえたうえで、「辛くない」ものに関して言及する、ということになる。これは、「辛いのが怖くない」という類似する要素を先に述べていることを踏まえると、「は」が選択されるのも自然であるといえるのではないかと思われる。さらに、これらの点を基に考えると、前節における「が」を「焦点特化」の「が」として捉えることによって、選択肢の排除を行わずに済むことで、後節で選択肢を考慮した「選択指定」の「は」を使用することが可能となり、「総記」や「排他」の概念で捉えた際に起こる矛盾も解消されることになる。

　最後に（91）について考えてみたい。（91）では、等位節において「日本の面積」の直後に「は」が用いられ、さらに主節では「資源」と「地震」

の直後に「が」、「生存環境」の直後に「は」が用いられている。そのため、一見すると、「選択指定」の「は」と「焦点特化」の「が」を用いて説明するのは難しいようにも感じられる。しかし、等位節と主節、そして主節内での修飾関係を整理してみるとどうであろうか。

(91)′　そのほか、[日本の面積〈が→は〉広くなく] [（資源が少ない、地震が多いなどの）生存環境は日本人に危機感と憂患意識を与えている]。（学習歴3年半）

(91)′をみてみると、等位節における「は」と、主節における「が」、そして主節における「は」については、それぞれ修飾関係からみると異なる位置に存在することがわかる。順にみてみよう。まずは等位節における「は」についてである。ここでは、「日本の面積」について「広くない」ことを述べているが、「は」の「選択指定」の機能を踏まえて考えた場合、「日本の面積」以外の類似する要素（たとえば、「日本の川」や「日本の家」などといった「広さ」に関する要素）の存在も含意しつつ、ここでは特に「日本の面積」についてだけ選び取って指定し、「広くない」と言及しているという解釈ができよう。続いて、(91)′における修飾関係を加味すると、主節における「資源」と「地震」については、「生存環境」の例として取り上げられているということがわかる。その際、「生存環境」の例としてはもちろん様々な視点から例を挙げることはできるものの、ここではそのような多様な例があるということではなく、あくまで一例として「資源」や「地震」を取り上げたいだけであろう。そのため、「資源」や「地震」は「選択指定」の「は」のようなほかの類似する要素を含意する助詞ではなく、「焦点特化」の「が」が用いられていると考えられる。最後に、主節の「は」、つまり「生存環境」の直後の「は」は、「日本人に危機感と勇敢意識を与えている」ものとして、もちろん「生存環境」だけではなくほかにも選択肢はあるということを含意しつつ、ここでは「生存環境」について述べる、という意図で「は」が選択されているのではないかと思われる。

以上のように、本節の冒頭で述べた用例についても、「選択指定」の「は」と「焦点特化」の「が」を用いることによって、「は」と「が」それぞれ1つの視点から、網羅的に説明が可能となることが検証された。

4.3.4　まとめと残された課題

4.3.4.1　まとめ

本節では、等位的複文における「は」と「が」の機能を明らかにすることを目的とし、誤用例の分析を行ってきた。その結果、「は」が「選択指定」の機能を有すること、「が」が「焦点特化」の機能を有することが明らかになった。具体的には以下のとおりである。

まず「焦点特化」については、これまでの「総記」や「排他」における「ほかの存在を除外する（あるいは外に追いやる）」という方向性の用語を、「焦点特化」という用語に変更することで、「ほかの存在」ではなく「が」で示されている要素が中心であるということを示すことが可能となった。さらにスポットライトの役割という説明を用いることで、ほかの存在をより意識しすぎずに済むという点で、「が」の機能を的確に表現できているのではないかと思われる（図4-9）。

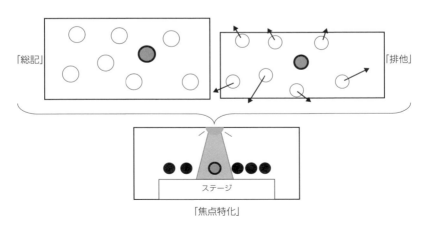

図4-9　「総記」・「排他」と「焦点特化」

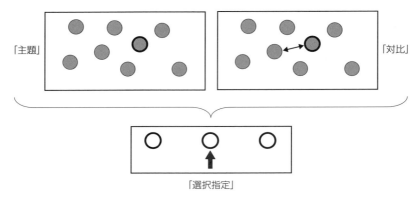

図 4-10 「主題」・「対比」と「選択指定」

　そして「選択指定」については、まず従来の「主題」や「対比」という概念が、「は」で提示されている要素以外にも選択肢があるという前提を共有しているという点を「選択」という表現で示した。そしてそれと同時に、「指定」という表現を用いることであくまで中心として提示したい要素は「は」で提示されているものであることを示すことが可能となった。したがって、「主題」と「対比」の双方をカバーし、より「は」の機能を明確に表すことができる表現であるのではないかと考えられる（図 4-10）。

4.3.4.2　残された課題
　第 3 章から第 4 章を通して、「は」と「が」の構文的制約および意味的機能について明らかになった。しかしながら、それらを日本語教育における指導にどのように適用できるかについては、明らかになっていない。そこで次章では、その点について検討を行い、ここまでにおいて明らかになった点を総括的に指導に適用する方法について提案を行うこととする。

注

1 角田（1991）における「レベル」は、本節の「次元」に相当するものである。
2 三上（1953）は「主題」について、「主題は題目（theme）とする。」（p.13）と述べている。すなわち、ここでの「題目」とは「主題」のことである。
3 国立国語研究所（1972）では、感情形容詞は対象が存在するのを基本とし、その場合、「感情の主体を表す主語は『〜は』の形で、感情の対象を表す語は『〜が』の形で示される」と述べられている。
4 この点については、「意味役割」のレベルと「統語機能」のレベルが深く関わっていることに起因するが、この点については紙幅の関係上、他稿に譲ることとする。
5 先行研究における用例番号は本書内の通し番号で記載している。
6 分類は執筆者と母語話者1名の計2名の日本語母語話者によって行った。
7 下線を含め、用例は原文のまま。
8 「不怕辣，怕不辣」の本来の意味は「辛いのは平気、辛くなかったら困る」という意味である。しかしながら、本データでは、学習者が「辛いのが怖くない、辛くないのが怖い」というように意訳ではなく直訳を行っており、さらにその訳について添削されている。この点について、本書は翻訳の正確さについて議論するためのものではなく、あくまでも学習者が作成した文と添削者が添削した結果を基に「は」と「が」の機能を探ることが目的であるため、ここでは原文のまま用例として使用し、翻訳に関する議論は行わないこととする。
9 ここでの「対等」とは、「〜は〜が…」文における主題の「は」と「が」のような関係ではないということである。ただし、あくまでも「等位節」は従属節の一種であるため、「は」と「が」の機能を考える際には「対等」なものとして捉えるものの、文において主となる成分は「主節」のほうにある点については留意したい。
10 なお、「は」と「が」に関する先行研究については、前節までにおいても述べてきたものの、ここではより詳細に現状把握を行うため再度言及したい。
11 原文のまま。ここでの「興趣」は「興味」の間違いであると思われる。

第5章

日本語教育における「は」と「が」の指導法

　第2章から第3章を通して、「は」と「が」の機能についての説明の際に「主語」や「主題」のマーカーとしての機能を前提として指導することは、「は」と「が」の誤用の原因となる可能性があるということが明らかになった。しかしながら、本書の冒頭でも述べたように、実際、「は」と「が」を文法項目として扱うことに対して真っ向から疑問を呈し、それを中心として述べられた研究は、日本語教育の分野においては活発ではないようである。そこで、「は」と「が」の基盤とされている「主語」や「主題」という概念と、助詞との関係性について、再度原点に立ち返って考えることで、根本的な問題を解明しようというのが、本書の立場である。そして第3章から第4章を通して、「は」と「が」の構文的制約および意味的機能について明らかになった。

　以上を踏まえ本章では、ここまでの研究成果を基に、以下の3点を明らかにすることで、「は」と「が」の問題を解明する方法を文法用語の観点から検討し、そのうえで「は」と「が」の指導の方向性を提示することを目的とする。

① 日本語教育において「は」と「が」の基本的機能とされている文法機能を見直すこと。
② 「は」と「が」の基本的機能が文法機能であるということを前提として指導することの問題点を明らかにすること。
③ 「は」と「が」の指導手順を提案すること。

5.1 世界の言語における「主語」と「主題」

　まず初めに、日本語以外の言語において「主語」と「主題」という概念がどのように捉えられているのかについて概観したい。なぜここで、日本語以外の言語における立ち位置の確認を行うかというと、学習者の特性と関係している。その特性とは、日本語以外の「世界の言語」を母語とする人々であるということである。その点において、日本語教育で使用する文法用語の定義は、「世界の言語」において、少なくとも普遍的である必要がある。そのような意味で、「世界の言語」における「主語」や「主題」という文法用語の立ち位置や振る舞いについて検討することが必要であると考えられる。以下では、例として「英語」を取り上げ検討を行うこととする。

　まず、「主題」について考えてみたい。「主題」とは「話題」であり、「メイントピック」である。言い換えると、「話の中心となる要素」ということになる。あらゆる言語において、文は、ある物事について表すということを目的としていよう。そのような意味では、文に「主題」が存在しない、という言語はないのかもしれない。なぜなら、何かを「伝える」ためには、その伝えたい内容の中心となる要素が必ず存在しているはずであるからである。しかし、「主題」が存在しているということと、「主題」が明示的に提示されているということは別の問題である。たとえば、益岡（1987）でも指摘されているように、英語では、文において、「主題」が明示的ではない場合が存在する。また、英語に関していえば、仮に「主題」となる名詞が「主語」の位置にあったとしても、それはあくまでも「主語」であるということしかわからない。これらの点については、松本（2006）において英語などの「主語─述語」という統語的に厳格な規定がある言語が、「意味関係と談話機能は、主語・目的語という文法関係の影に隠れて、ほとんど見えなくなっている」と述べられていることからもわかる。これらの事実から、「主題」は文成分として、すべての言語において明示的なものではないということがわかる。そして、すべての言語において明示的でない

とすれば、少なくとも明示的でない言語においては、「主題」を普遍的に提示するということが必要不可欠であるとされているわけではないということになる。

では、「主語」に関してはどうであろうか。平出（2021, p.1）においても指摘されているように、「英語では構文が重視され，主語の形が動詞の形を決めるから必ず示されなければならない」一方、「日本語では（略）主語は暗示されて，必要がない限りは浮かび上がってこない」。だからこそ、これまで日本語学において「主語」の有無に関する議論が盛んに行われてきたともいえよう。つまり、日本語の文の中には、「主語」が暗示されている場合と、明示されている場合があるということになる。そこで、従来日本語において明示的に「主語」が現れているとされてきた場合についてみてみたい。たとえば、(92)のような他動詞文や(93)のような受身文、(94)のような使役文、(95)のような非対格自動詞文のようなものがそれに該当する。

(92)　太郎がカギを開ける。(筆者の作例)
(93)　少年が先生に怒られた。(筆者の作例)
(94)　母が子どもに字を書かせた。(筆者の作例)
(95)　授業が終わった。(筆者の作例)

(92)～(95)はそれぞれ、「太郎」「少年」「母」「授業」がいわゆる「主語」として捉えられるということに異論はないであろう。しかしながら、このような「主語」をすべて同一のものとして扱うには少し抵抗があるのも事実ではなかろうか。なぜなら、これらの「主語」は何か「性質的な」違いがあるようにみえてしまうためである。そこで、この違いについて先行研究ではどのように論じられているのかについてみてみたい。このような日本語における明示的な「主語」に関する研究での説明は、「主語」であることを前提とはしているものの、その「主語」を「動作主」や「対象」「経験者」といった具合にさらに細分化して述べられているようである。これは特に、日本語の特徴である動詞の形態的多様性にも深く関係していると

思われる。動詞の形態的多様性とは、いわゆる「ヴォイス」のようなものである。早津（2020）では、日本語のヴォイスについて以下のように定義されている。

> 《日本語のヴォイス》文の主語が，動詞の表す動き（動作や変化や感情）の主体であるか，そうではなくて影響の被り手や動作の引きおこし手などであるかという，主語をめぐる文構造のあり方の体系であり，それが述語動詞の形態論的な形に支えられているという点でまずは動詞の形態論的なカテゴリーであるとともに，文の構文的な機能（主語・ヲ格補語・ニ格補語等）と文法的な意味（主体・被り手・引きおこし手等）の一致とずれの体系だという点で構文論的なカテゴリーでもある。
> 　　　　　　　　　　　　　　　　　　　　　　（早津 2020, p. 8）

　すなわち、早津（2020）の定義に基づけば、日本語の「主語」の性質は、「ヴォイス」のような日本語動詞の多様な形態に支えられており、なおかつその動詞は「主語」を含む文成分（ヲ格補語・ニ格補語等）のすべてを支えているということである。言い換えれば、日本語における「主語」は、英語のように「主語の形が動詞の形を決める」（平出 2021）のではなく、むしろ「動詞の形が主語の性質を決める」ということになる。そのような点においては、日本語ではその名詞が統語的に「主語」であるという事実よりも、「動作主体の主語」や「動作対象の主語」、「経験者の主語」といった具合に、「主語」以外の成分と同様に、述語動詞にとって「どんな」主語であるのか、という性質のほうに、より重きが置かれていると考えられる。したがって、英語の「主語」のような「意味や談話機能とは無関係に，純粋に形式的・統語的に定義づけられている」（松本 2006）ものではなく、むしろ「どんな」主語なのか、という「意味」に重点が置かれているという点が、特に大きな英語との相違点であるともいえよう。これは、山中（1998）で指摘されているように、Li and Thompson（1976）の「主語優勢言語」と「主題優勢言語」の観点からみれば、日本語が「主題優勢言語」、英語が「主語優勢言語」であるということからも証明される。この「主語

優勢」あるいは「主題優勢」というのは簡単にいえば、日本語にも英語にも「主語」も「主題」も存在するものの、それぞれの言語において、どちらか一方がより「優勢」であるということである。これは上述の、英語の「主題」が、「意味関係と談話機能は，主語・目的語という文法関係の影に隠れて，ほとんど見えなくなっている」（松本 2006）という点の説明としても有効であろう。以上から、日本語における「主語」という概念は、英語のように言語内における重要かつ必須な立ち位置とは異なるということになる。

5.2 「主語」・「主題」と助詞との関係性

ここまで、世界の言語における「主語」と「主題」について、主に日本語と英語を中心に概観し、各言語における立ち位置や振る舞いが異なることを指摘してきた。そこで本節では、日本語においてこれまで「主語」や「主題」とされてきた概念について、主に助詞との関係を中心に検討することで、本書の序盤でも指摘した「は」と「が」を「主語」や「主題」のマーカーとして扱うことの問題について、改めて言及したい。

5.2.1 「主語」と助詞との関係性

まず、「主語」と助詞との関係についてみてみよう。「主語」は一般的に「が」で表されるとされているようである。これは、丹羽（2014a, p. 281）で「『が』（ガ格）は主語」を表すとされていることからもうかがえる。しかし一方で、竹林（2020, p. 94）で「『X は』と『X が』とは，主語の提示である点では共通する」とされているように、「は」も「が」と同様に「主語」の提示という役割を担うことが可能であるとする説もあるようである。さらに、尾上（2014）のように、「ガ格に立つ名詞項」が「主語」といっても、その名詞項は「表面上はガ格でなく，ハ・モ・ダケ・サエなど係助詞，副助詞下接であっても，また無助詞であっても，その名詞と述語との関係を格助詞で言うとすればガになる名詞項」であるというような説も存在す

る。すなわち、「主語」と助詞は少なくとも1対1の関係ではないということになる。

5.2.2 「主題」と助詞との関係性

　次に、「主題」と助詞との関係について考えてみることとする。「主題」は一般的に、助詞「は」で表されるとされているようである。たとえば、日本語記述文法研究会編（2009b, p.179）において、「主題」の「典型的な表現は『は』である」と述べられていることからも、その事実がうかがえる。しかし一方で、「主題」は必ずしも「は」で表されるわけではないとする説も存在する。そのような説は、「語順」によって「主題」が決定するとされていることが多い。淺山（2004）では、「は」と「語順」のどちらが「主題」を表すのかという点について、日本語の自由語順の特性を生かして語順入れ替えを行うことで考察を行い、「文脈、語順からも『主題』と認められる語に格助詞が使用されており、『主題』を提示するために、語順が優先されている」（淺山 2004, p.93）ことが示されている。さらに淺山（2004）では、「が」が「主題」的に提示されていると理解できる例も提示されている。従来「主題」の働きを表す助詞として「が」が取り上げられることは非常に稀であったものの、淺山（2004）に従えば、「が」が「主題」を提示することも可能であるということになる。つまり言い換えれば、「は」や「が」は「主題」のマーカーとして扱うことができる場合もあれば、できない場合もあるということになる。したがって、「は」と「が」を区別する際に、「主題」という文法用語を基にそれらを規定することは容易ではないということになる。さらに、淺山（2004）の語順の考察における用例にもみられるように、「を」が主題を提示している場合も存在し、したがって「主題」も「主語」と同じく、助詞と1対1の関係性として提示することは困難であるといえよう。

5.2.3 「主語」・「主題」と「は」・「が」との関係性

以上、「主語」と「主題」のそれぞれが、助詞とどのように関係しているのかという視点から、助詞を「主語」や「主題」のマーカーとして規定することができるのか、ということについて考察してきたが、それは困難であるということが明らかになった。ここからわかるのは、「主語」や「主題」といった範疇を、助詞の説明に充てるということが如何に難しいかということである。この点は、柴谷（1978, p.221）で「主語その他の範疇と格助詞とは1対1の絶対的関係にあるという考えを破棄し、この関係は相対的なものであると考えなければならない。」と述べられていることにもつながる。すなわち、「主語」や「主題」といった用語の範疇と、助詞とを1対1の関係とすることには、問題があるということである。そしてその点から考えれば、「は」や「が」を日本語学習者に説明する際に、「が＝主語マーカー」あるいは「は＝主題マーカー」というような前提を以て指導を行うことの危険性も自ずと理解されよう。

5.3 「主語」の決定要因と「は」・「が」の決定要因の近似性

ここまで、「主語」や「主題」を「は」や「が」の説明に用いることが、通言語的にも、日本語的にも困難であるということが明らかになった。しかし、これまでの研究において、「は」や「が」などの助詞が「主語」や「主題」という概念と結びつけて説明がなされてきたのにも、理由があるはずである。この点については、「は」と「が」が「主語」や「主題」のマーカーとして捉えられるような用例も多くあるということからも考察される。それでは、そのような「主語」や「主題」のマーカーのようにも捉えられる「は」と「が」の正体は一体何なのであろうか。本節ではこの点について、特に助詞との関係性において頻繁に議論がなされてきた「主語」に焦点を当て、検討を行うこととする。具体的には、まず日本語の「主語」について検討する前に、「主語」であることが明白な英語における「主語」について、「主語」が如何にして「主語」となり得るのかという「主語」選択

の過程に着目し、「主語」の決定要因を考察する。次に、日本語において「主語」位置に用いられることの多い「は」と「が」の決定要因を検討し、それらが「主語」マーカーのように捉えられる理由について考察を行うこととする。

5.3.1　英語における「主語」の決定要因

　まず、英語の「主語」が如何にして「主語」となるのか、その決定要因についてみてみたい。これは、Fillmore（1971）で提示された「格階層」と深く関係していると思われる。「格階層」について、フィルモア（1975）では以下のように説明されている。

　　　格階層とは，格が並べられた順番の階層である。すなわち，動作主格，経験者格，道具格，対象格，源泉格，目標格，場所格，時間格の順である。特定の文において，この配列表で最初にくる格が，前にも述べたように，「無標」の場合の文の主語となるものである。
　　　　　　　　　　　　　　　　　　　　　　（フィルモア 1975, p.245）

　すなわち、それぞれの文において主語になりやすい意味役割があり、そのいわゆる「なりやすさ」には階層性があるということである。この点は、フィルモア（1975, p.304）でも、「格階層の役目は，複数個の深層格のうち，どれを主語に選ぶべきかを指定し，主語選択過程に対してその適用のきっかけ（trigger）を与えるものである」とされていることからも読み取れる。この「格階層」というものは「格文法」に内包されているものである。格文法では、たとえば、「動詞 murder は動作主を要求する」（フィルモア 1975, p.80）といった具合に、述語動詞が特定の格概念と呼ばれるいわゆる意味役割のようなものを要求するという発想に基づき、理論が展開されている。つまり、格文法から考えると、「主語」は述語によって導き出された意味役割のうち、その述語に基づく「格階層」において最初にくる格が「主語」となるということになる。したがって、格文法の視点

から考えれば、英語の「主語」の決定要因は述語であるともいえよう。

5.3.2 日本語における「は」と「が」の決定要因

5.3.1 から、英語における「主語」の決定要因は「述語」であるということが明らかになった。そこで次に本節では、「主語」位置に用いられることの多い「は」と「が」の決定要因がどのようなものであるのかについて、考察を行うこととする。

寺村（1982）では、日本語の文の構成要素について以下のように述べられている。

> コトは，外界の様子，ものや人の状態や変化，働きを表わす「述語」と，その述語を中心として描かれる事象や心象に登場する人，物，概念などを表わす「補語」から成る。
>
> （寺村 1982, p.51）

つまり、日本語の文構造は「述語」とそれ以外の要素である「補語」から成っているということである。言い換えれば、文は「述語」と、その「述語」を中心とした「主語」を含む「述語」以外の成分との2つの部分で構成されているということである。そのうえで、ある動詞が述語として現れる際には、その動詞がどのような種類の補語を必要とする意味特性をもったものであるかという点と、その補語の種類を明示する格助詞は何かという2つの点から、文が生成されるというものである。すなわち、寺村（1982）に基づけば、「述語」によって、意味役割だけでなく、その意味役割に付随する格助詞も決定するということになる。これは、たとえば、益岡（1987）において述べられている属性叙述文の性質とも関連している。益岡（1987）では、属性を表す述部を持つ文の場合、「対象」を提示するデフォルト的な助詞は「は」であるとされている。具体的には、以下のような例が挙げられる。

(96) 「<u>地球は丸い</u>」を理解。（小和田哲男『国際情報人　信長』）

　以上から導き出せるのは、「は」や「が」などの助詞がデフォルト的にどの意味役割に付随するかという点は、述語（あるいは述部）[1]の性質によって決定するということである。つまり、日本語の「は」と「が」のデフォルト的な用法は、述語によって決定するということになり、言い換えれば、日本語の「は」と「が」のデフォルト的用法は英語の「主語」と同様のプロセスを経て決定されるということになる。たしかに、デフォルト的な、つまりいわゆる「無標」の「は」あるいは「が」のような存在は、日本語においてしばしばみられ、その性質は「述語の特性」と密接に関わっていると考えられる。しかしながら、「述語の特性」と密接に関わっているとしても、それは果たして「は」と「が」の決定要因となり得るのであろうか。たとえば、(96)の例について以下の(97)のように文脈を加え、さらに(98)のように「は」を「が」にした場合はどうであろうか。

(97)　花子に「箱は四角い」が「地球<u>は</u>丸い」を理解してもらうのには苦労した。（筆者の作例）
(98)　花子に「地球<u>が</u>丸い」を理解してもらうのには苦労した。（筆者の作例）

　(97)の場合、「箱は四角い」という要素が付与されることにより、そこに「対比」的ニュアンスつまり「言外の意味」が付与されるということになる。そしてこの文を踏まえて、再度(96)をみてみると、「は」の見え方は異なるのではないかと思われる。つまり、その時々で、それがいわゆる「無標」なのか、それとも「言外の意味」が付与されるのかが異なるということである。また、(98)の場合であれば、「は」よりもむしろ「が」のほうがいわゆる「無標」に感じる可能性もあるのではないかと考えられる。なぜなら、この場合、「花子に理解してもらいたいこと」は、ほかの何物でもなく「地球」であるためである。逆にいえば、「は」を使用した場合、「地球以外の天体が丸くないことは理解させられたが、地球が丸いという

ことは理解させられなかった」といった意味解釈のように、他の存在を想起させる可能性を残すことになるということである。したがって、他の比較対象となり得るものの存在を排除する「が」を用いるほうが「は」を用いるよりも「有標」性が下がると考えられる。このように、いわゆる「無標」の「は」と「が」は、果たして「無標」であるのかという点については疑問が残る。言い換えれば、果たして「は」と「が」の基本的機能は英語の「主語」と同様に文法関係を提示することなのかということである。もし仮に、いわゆる「無標」の「は」と「が」が「無標」であると言い切れないとすれば、「意味や談話機能とは無関係に、統語的・形式的に定義づけられている」（松本 2006, p.231）ような英語の「主語」とは性質を異にするということになる。そこで本節では次に、「は」と「が」の基本的機能について考察を行うこととする。

5.4 「は」と「が」の基本的機能

5.4.1 「言外の意味」を付与する機能としての「は」と「が」

「は」と「が」の基本的機能について論じる前に、まず、「は」と「が」の「言外の意味」を付与する機能の位置づけについて述べておく。日本語の「は」と「が」は英語の「主語」のような文法機能のみを有するのではなく、いわゆる「言外の意味」を付与する機能があるということは、従来の研究でも明らかにされてきた。たとえば、三上（1963）は、「は」は「対比」、「が」は「排他」の機能を有するとしている。また、松下（1924）は「は」を「既定」、「が」を「未定」として取り上げている。さらに、久野（1973）では、「は」が「旧情報」、「が」が「新情報」を示す機能を有するとされている。そしてこれらの点については、近年の研究においてもなお「情報構造」の観点から、「は」と「が」の機能として捉えられている（大野 1978 など）。そして、4.3 で明らかになった「選択指定」と「焦点特化」についても、この「言外の意味」を付与する機能である。しかし一方で、この「言外の意味」を付与する機能については、「は」と「が」の基本的

機能というよりはむしろ、周辺的機能として捉えられているのが現状である。たとえば、天野（2014, p.71）では、主格表示の「が」の基本的な意味は「ある事態や性質の中核物」であるとしたうえで、「主格表示のガは『総記』と『中立叙述』の2つの意味をもつとされることがある」と述べている。一方で「は」については、尾上（2014）のように、第一義的な用法として「対比」を取り上げている研究もあるものの、教育現場における教科書ではその限りではないようである。たとえば、『新編日語1』では「が」は「格助詞"が"接在名詞后面构成句子的主語。(格助詞『が』は名詞の後ろに接続するもので文の主語である。)」、「は」は「"は"接在名詞后面提示主題。(『は』は名詞に接続し、主題を表す。)」とされ、『新大学日本語（第2冊）』でも、「が」は「表示主語。(「主語」を表す。)」、「は」は「提示主題。(「主題」を表す。)」と説明されているように、「は」と「が」の基本的な機能としては、「言外の意味」を付与する機能については触れられていない。また、『新完全マスター文法 日本語能力試験N2』においても、「『は』と『が』の基本的機能」として、「は」は「主題（何について話すか）を示す。」とされ、「が」は「主格（動作・事態の主体）を示す。」とされている。このように、天野（2014）や『新大学日本語（第2冊）』、『新完全マスター文法 日本語能力試験N2』からも、「新情報」や「旧情報」、「対比」や「排他」といった「言外の意味」を付与する機能は基本的な意味ではなく、あくまでも文法機能が基本的な機能であるとされていることがうかがえる。そこで次節では、用例を通して、「は」と「が」の基本的機能が果たして文法機能であるとしてよいのかという点について考察を行いたい。

5.4.2　用例からみる「は」と「が」の基本的機能

『中納言 KOTONOHA「現代日本語書き言葉均衡コーパス」』では、次のような例がみられる。

(99)　今日のお昼ご飯は、コンビニの弁当セットです。(Yahoo! ブログ)

(100)　地球が生まれる。(河合隼雄ほか『先端科学の現在――大腸菌から宇宙まで』)

　例(99)の「お昼ご飯」、そして例(100)の「地球」はどちらも「主語」として捉えることができると考えられる。しかし一方で、(99)と(100)の「は」と「が」は、「選択指定」や「焦点特化」という意味を付与しているとも捉えることができると思われる。そこで、どちらが「は」と「が」の基本的機能であるかについて検証を行いたい。具体的には、以上の用例の「は」と「が」が交替する、あるいは「は」や「が」を削除することによって、文法関係もしくは「言外の意味」のどちらかが把握できない、もしくは曖昧になる場合、その把握できないか曖昧になった機能のほうが中心的機能として捉えられるという観点で検証を行う。(99)'と(100)'は「は」と「が」を交替させた例であり、(99)"と(100)"は「は」と「が」を削除した例である。以下、それぞれについて、その文法関係あるいは「言外の意味」のどちらかに変化がみられるかどうかについて、考察を行うこととする。

　(99)'　今日のお昼ご飯が、コンビニの弁当セットです。
　(100)'　地球は生まれる。
　(99)"　今日のお昼ご飯__、コンビニの弁当セットです。
　(100)"　地球__生まれる。

　まず、文法関係に着目して考察を行うと、(99)'と(99)"の「お昼ご飯」は、(99)と同様「主語」であるという事実に変化はないということがわかる。また、(100)'と(100)"の「地球」が「主語」であるということについても、(100)と同様であるということもわかる。したがって、(99)'から(100)"のすべてにおいて、その文法関係については変化がないということになる。次に、「言外の意味」に着目して考察を行うと、まず(99)と(99)'では、「お昼ご飯」の捉え方が少し異なると考えられる。なぜなら、(99)の「お昼ご飯は」であれば、たとえば「お昼ご飯」以外の「朝ご飯」などの選択肢

を含意している可能性についても考えられる一方で、(99)'の「お昼ご飯が」の場合、「お昼ご飯」以外との比較という意味については焦点化されておらず、その焦点はあくまでも「お昼ご飯」のみにあるという解釈になるためである。さらに、(99)"のように「お昼ご飯」のみで示される場合には、(99)や(99)'のように「が」や「は」で示される場合に比べると、より「言外の意味」を含意せずに、「主語」として捉えられることになる。これは、(100)と(100)'、(100)"においても同様である。「言外の意味」に着目すると、(100)'の「地球は」は(100)の「地球が」に比べると「地球」以外のものにも焦点が置かれている可能性は高まり、反対に(100)"のように「地球」のみになると、(100)や(100)'と比べると「言外の意味」が付与されているというようには捉えにくくなる。

以上の分析を踏まえると、5.2で述べたように、「は」や「が」が付随している名詞句の意味役割は、英語の意味役割と同様に、「述語の特性」によって決定していることがわかる。しかし一方で、「は」と「が」にのみ注目すると、「は」と「が」を交替させても文法関係に変化はみられず、さらに「は」と「が」がなくとも文法関係は理解できるという点を踏まえると、必ずしも「は」と「が」が文法関係を左右するわけではないということになる。

以上から、「は」と「が」の基本的機能は「文法関係を示す」というよりもむしろ、「言外の意味」を付与するというほうにあると考えられる。

5.4.3 「文法化」プロセスとしての「は」と「が」の文法機能

以上、「は」と「が」の基本的機能が文法機能ではなく、「言外の意味」を付与する機能であるということが考察された。それでは、これまで基本的機能であるとされてきた文法機能とは一体、如何なる理由で基本的機能と見なされてきたのであろうか。おそらく、その理由としては、益岡(1987)などで指摘されているいわゆる「無標」的にみえる「は」や「が」の存在であると思われる。本節ではこの点について少し考察を行いたい。

一般的に文法は、いわゆる「文法化」のプロセスを経て文法機能として

言語体系の中に組み込まれる。「文法化」とは、「それまで文法の一部ではなかった形が、歴史的変化の中で文法体系に組み込まれるプロセス」（青木 2010）のことである。具体的には、「文法化」のプロセスでは、以下のような現象が観察されると指摘されている。

　　a. 意味の漂白化（bleaching）
　　　本来の語が持っている実質的意味が弱まり、抽象化する。
　　b. 脱範疇化（decategorialization）
　　　本来の語が持っている形態的・統語的特性を失う。

（青木 2010, pp.174–175）

　青木（2010）でも述べられているように、「文法化」の典型としては「自立性を持った語彙項目（名詞・動詞）が文法的要素（助詞・助動詞・補助動詞）に変化する場合」であるものの、「は」と「が」の基本的機能が「言外の意味」を付与する機能であるとすれば、この「文法化」という解釈も決して逸脱的なものではないと考えられる。なぜなら、「は」と「が」の機能はあくまでも「言外の意味」すなわち「意味」的な機能であることになり、したがって「意味の漂白化」としての現象も十分に起こり得るということになるからである。つまり、これまで「言外の意味」として用いられてきた「は」と「が」が、ある一定の条件下（たとえば、ある特定の述語）において、頻繁に用いられることによって、ある種の規則性のようなものが見いだされ、それがあたかも「文法」であるかのように捉えられるようになったということである。ただし、5.4.2の考察からもわかるように、そのようないわゆる「無標」的な「は」と「が」は文脈によっては交替可能な場合も多く、英語の「主語」のように厳格な「文法」とまではいえないと考えられる。したがって、これまで「は」と「が」の基本的機能とされてきた文法機能というものは、あくまでも「言外の意味」を付与するという機能が「文法化」しつつあるものとして捉えることができるのではないかと考えられる。

　そしてその点を踏まえると、「は」と「が」の指導においてこれまで前

提とされてきた「主語」や「主題」のマーカーとしての役割が基本的な機能なのではなく、むしろ「対比」や「排他」といった「言外の意味」を付与する機能のほうを基本的機能として指導していくほうが、「は」と「が」の実態により即した指導となるのではないかと考えられる。

5.5 「は」と「が」の基本的機能に基づく指導の提案

　以上、本節では、「は」と「が」の指導について、まず「主語」と「主題」の観点から文法用語と助詞との関係性の見直しを図ったうえで、「は」と「が」の指導において「主語」や「主題」を前提とすることを問題視し、「主語」選択の決定要因と「は」と「が」の決定要因について考察を行うことで、文法機能を「は」と「が」の基本的機能とすることの困難さを明らかにした。そしてそのうえで、これまで「は」と「が」の研究において前提とされてきた「文法機能」ではなく、「言外の意味」を付与する機能こそが、「は」と「が」の基本的機能であるという点について言及した。そこで本節では、以上を踏まえて、これまでのような文法機能を前提とした指導ではなく、「は」と「が」の基本的機能である「言外の意味」を付与する機能を中心とした指導が必要であるということを改めて述べ、本章のまとめとしたい。

5.5.1 「は」と「が」の基本的機能を基にした指導手順の提案

　5.4において、「は」と「が」の基本的機能は「主語」や「主題」といった文法関係を表す「文法機能」ではなく、「言外の意味」を付与する機能であるということが明らかになった。しかし、上述したように、これまでの日本語教育における「は」と「が」の指導においては、「主語」や「主題」といったいわゆる文法マーカーとしての役割が基本的機能として提示されてきた。そこで、本節では、これまでの指導手順を見直す必要があると考えられる。以下、用例を用いて、詳しく説明を行う。

（101）みんな＿自分の家に帰りました。（筆者の作例）
　（101）'みんなは自分の家に帰りました。
　（101）"みんなが自分の家に帰りました。
　（102）地球は丸い。（(96)から一部抜粋）
　（103）空は青い、とか。（木津川計『人間の歴史を考える10　人間と文化』）
　（104）この時見たディンゴは大型犬だ。（ディンゴの）足が長い、（略）。
　　　　（園田豪『やすらぎのオーストラリア』）
　（105）婦の背が随分高い。（渡部直己『泉鏡花論――幻影の杼機』）

　まず、「は」と「が」の機能について説明する際には、前提として、「述語の特性」に基づき、必要となる「意味役割」すなわち文要素があるという点を提示しておく必要がある。たとえば（101）の例であれば、「帰りました」に必要となる文要素として「動作主」と「着点」が必要となることなどを提示する。そしてそれによって、文を作成する際には、それぞれの「述語」がどのような特性を持っており、さらにそれに伴って必要となる意味役割が何なのかという点について、考える必要があることを示すといった具合である。
　続いて、同種類の「述語の特性」を有する用例をいくつか提示することによって「述語の特性」と必要となる意味役割との関係性を考察させる。たとえば、（102）から（105）のような形容詞述語の場合であれば、「所有者（あるいは全体）」や「対象」と述語の形容詞との関係性が「属性」や「所有所属（あるいは全体と部分）」の関係にあるといった点についてである。具体的には、（102）の場合、「丸い」という形容詞は「対象」である「地球」の「属性」を表し、（104）の場合、「対象」である「足」は「所有者（あるいは全体）」である「ディンゴ」の所有物（あるいは一部分）であり、形容詞「長い」はその所有物（あるいは一部分）である「足」の特徴を表すといった具合である。
　そしてそのうえで、「は」と「が」の機能について説明を行う。まずは、「は」と「が」が「言外の意味」を付与するということについて述べておく必要があると考えられる。たとえば、（101）の場合、「は」や「が」な

どの助詞を付与しなくても、基本的な文意の伝達としては成立する。そのような例をまず取り上げ、「は」と「が」の「言外の意味」を付与する機能について説明を行う。具体的には、再度(101)の例を提示した後に、(101)'や(101)"のような「は」と「が」を用いた例文を提示する。そしてそれぞれの文が(101)とどのように異なるのかという視点から、「選択指定」や「焦点特化」といった機能を提示することで、「は」と「が」の基本的機能が「言外の意味」を付与することであるという点を学習者が認識することができると思われる。

　そしてそれらを踏まえたうえで、「は」と「が」によって「選択指定」あるいは「焦点特化」の意味を付与する場合、どちらのほうがより用いられやすいのかについて「述語の特性」に基づいたグループごとに説明を行う。たとえば、(102)や(103)のような「属性形容詞」の場合、「選択指定」あるいは「焦点特化」されるのは「対象」である。つまり、(102)を例にすれば、「選択指定」の意味を付与する「は」を用いれば、「地球」以外のものの存在を認識したうえで「選択指定」され、「焦点特化」の意味を付与する「が」を用いれば、「地球」以外の存在の認識に関しては問わず、「地球」のみに焦点を当てるということになる。さらに、一般的には、「地球」以外の存在の認識を加味しないということは、自然の摂理から考えると逸脱的であるため、「は」のほうが「が」よりよく用いられるというように、「述語の特性」によって傾向性があることを示す。(104)や(105)のような「所有所属（あるいは全体と部分）」を表す形容詞の場合でも同様である。(104)を例にすれば、まず「選択指定」あるいは「焦点特化」されるのは「対象」であることを示す。次に、「選択指定」の意味を付与する「は」を用いれば、「足」以外の「手」や「首」などの存在の中から「足」が「選択指定」され、「焦点特化」の意味を付与する「が」を用いれば、「足」以外の選択肢がなくなり、「焦点特化」されるということになる。そして一般的に、「足」は「ディンゴ」の一部であり、同じ「ディンゴ」の所有物（あるいは一部分）である「手」や「首」と並べられて選択肢として提示するということは行われにくいという点を踏まえ、「選択指定」の「は」よりも「が」のほうがよく用いられるということを示す。このように、これま

で「文法機能」として提示されてきた機能については、「よく用いられるパターン」として提示する。その際、「は」や「が」の使用条件として、取り立てて「有標」的な言い回しになることを避けたい場合は、そのパターンを使用するという方法を提示する。

　以上が本節で提案する「は」と「が」の指導手順である。以上のような手順で指導を行うことによって、「は」と「が」の基本的機能についてより理解を深められるような指導を行うことができると考えられる。再度、主な指導手順についてまとめると、以下のようになる。

［1］　助詞について指導する前に、まず「述語の特性」に基づき、その文において必要な意味役割が決定するということを提示する。
［2］　「述語の特性」とそれに付随する意味役割が共通している用例を提示し、「述語の特性」の分類ごとに「述語」と意味役割との関係性を考察させる。
［3］　「選択指定」や「焦点特化」といった「言外の意味」について、それぞれ用例を提示しながら説明を行い、「は」と「が」の基本的機能が「言外の意味」を付与する機能であるということを提示する。
［4］　従来「文法機能」とされてきた点に関しては、それぞれの「述語の特性」に基づいた分類において、よく用いられるパターンとして「は」と「が」の使い方を提示する。つまり、取り立てて「有標」的な言い回しになることを避けたい場合は、その一般的に用いられやすいパターンを使用するという方法を提示する。

注

1　「述語」あるいは「述部」の規定には様々な立場があるが、紙幅の関係上、詳細については他稿に譲ることとする。

第6章

日本語教育において「は」と「が」をどう教えるか

6.1 「は」と「が」の指導手順の提案

　以上、本書では、「は」と「が」の問題を解決する方法を文法用語の観点から検討し、そのうえで「は」と「が」の誤用分析を行うことで、指導法の再考と再構築をすること、つまり、日本語教育において「は」と「が」をどう教えるかを明らかにすることを目的とし、以下の手順で研究を行ってきた。

① 日本語教育における「は」と「が」の指導基盤を概観し問題点を明らかにする。
② 従来の「は」と「が」の研究を文法用語の観点から再整理し、問題点を明らかにする。
③ 誤用分析を通して「は」と「が」の機能を明らかにする。
④ 日本語教育における「は」と「が」の指導手順を提案する。

その結果、以下の点が明らかになった。

① 日本語教育での「は」と「が」の指導では、「主語」・「主題」・「主格」・「主体」という術語を基盤として指導が行われているということ。言い換えれば、「は」と「が」の基本的機能は「文法機能」である

ことが前提となっているということ。
② 「主語」・「主題」・「主格」・「主体」といった文法的な術語は、「は」と「が」と1対1の関係ではなく、さらに術語の定義に関しても先行研究において見解の一致がみられていないこと。
③ 「は」と「が」の基本的機能は「言外の意味」を付与する機能であること。そのうち、「は」は「選択指定」、「が」は「焦点特化」の機能を軸とすること。
④ 日本語教育における「は」と「が」の指導手順として以下の手順が提案できること。

[1] 助詞について指導する前に、まず「述語の特性」に基づき、その文において必要な意味役割が決定するということを提示する。
[2] 「述語の特性」とそれに付随する意味役割が共通している用例を提示し、「述語の特性」の分類ごとに、「述語」と意味役割との関係性を考察させる。
[3] 「選択指定」や「焦点特化」といった「言外の意味」について、それぞれ用例を提示しながら説明を行い、「は」と「が」の基本的機能が「言外の意味」を付与する機能であるということを提示する。
[4] 従来「文法機能」とされてきた点に関しては、それぞれの「述語の特性」に基づいた分類において、よく用いられるパターンとして「は」と「が」の使い方を提示する。つまり、取り立てて「有標」的な言い回しになることを避けたい場合は、その一般的に用いられやすいパターンを使用するという方法を提示する。

6.2　今後の課題

　本書では、「言外の意味」を付与することが基本的機能であるという点、ならびに「は」と「が」がデフォルト的に付随しやすい意味役割は「述語の特性」によって決定するという点は提示できたものの、その分類や詳細までは検討することができなかった。この点については、これまでも種々の議論があったものの、未だ見解が一致していない点であるため、今後の課題として挙げられる。そして、本節で提示した指導法についても、「は」と「が」の機能のすべてを網羅的に説明するにはまだまだ多くの課題が残されており、より多くの用例の分析を通して、さらなる検討が必要であると思われる。したがって、特に日本語教育においてより効果的かつ具体的な「は」と「が」の指導法について、今後さらに検討していく必要があると考えられる。

参 考 文 献

青木博史（2010）「文法史と方言」高山善行・青木博史編『ガイドブック日本語文法史』pp.167–178，ひつじ書房
淺山友貴（2004）『現代日本語における「は」と「が」の意味と機能』第一書房
天野みどり（2014）「ガ」日本語文法学会編『日本語文法事典』pp.71–72，大修館書店
庵功雄（2020）「『は』と『が』の使い分けを学習者に伝えるための試み ——『主語』に基づくアプローチ」『言語文化』57，pp.25–41
岩倉国浩（1974）『日英語の否定の研究』研究社出版
于康（2013）「中国語母語話者の日本語学習者の『格助詞』不使用について ——格助詞『が』の不使用を中心に」『言語と文化』16，pp.59–75
大野晋（1978）『日本語の文法を考える』岩波書店
奥津敬一郎（1969）「日本語における引用構造と間接化転形」『言語研究』55，pp.104–106
尾上圭介（1987）「主語に『は』も『が』も使えない文について」（国語学会研究発表会発表要旨）『国語学』150，p.48
尾上圭介（2001）『文法と意味Ⅰ』くろしお出版
尾上圭介（2004）「主語と述語をめぐる文法」北原保雄・尾上圭介編『朝倉日本語講座6 文法Ⅱ』pp.1–57，朝倉書店
尾上圭介（2014）「主語」日本語文法学会編『日本語文法事典』pp.267–270，大修館書店
加藤重広（1997）「ゼロ助詞の談話機能と文法機能」『富山大学人文学紀要』27，pp.19–82
金谷武洋（2002）『日本語に主語はいらない ——百年の誤謬を正す』講談社
金水敏（2014）「フィクションの話し言葉について ——役割語を中心に」石黒圭・橋本行洋編『ひつじ研究叢書〈言語編〉第122巻：話し言葉と書き言葉の接点』pp.3–11，ひつじ書房
久野暲（1973）『日本文法研究』大修館書店
黒崎佐仁子（2003）「無助詞文の分類と段階性」『早稲田大学日本語教育研究』2，pp.77–93
小矢野哲夫（2014）「形容動詞（形容名詞，ナ形容詞，状名詞）」日本語文法学会編『日本語文法事典』p.190，大修館書店
迫田久美子（2002）『日本語教育に生かす第二言語習得研究』アルク
佐渡島紗織・吉野亜矢子（2021）『これから研究を書くひとのためのガイドブック ——ライティングの挑戦15週間　第2版』ひつじ書房
柴谷方良（1978）『日本語の分析 ——生成文法の方法』大修館書店
謝福台・金城尚美（2005）「日本語学習者の『は』と『が』の使い分けに関する一考察 —中国語母語話者と韓国語母語話者の場合」『留学生教育：琉球大学留学生センター紀要』2，pp.41–59

杉本妙子（2012）「ベトナム人学習者にとっての日本語助詞の習得難易度」『茨城大学人文学部紀要：人文コミュニケーション学科論集』13，pp.89-105

鈴木重幸（1992）「主語論をめぐって」言語学研究会編『ことばの科学 5——言語学研究会の論文集』pp.73-108，むぎ書房

鈴木泰（2014）「形容動詞活用の種類」日本語文法学会編『日本語文法事典』pp.190-191，大修館書店

高木南欧子（2014）「韓国人留学生の自然発話に見られる誤用」『神奈川大学言語研究』36，pp.141-158

高見健一（2014）「省略」日本語文法学会編『日本語文法事典』pp.308-309，大修館書店

竹林一志（2020）『文の成立と主語・述語』花鳥社

田村泰男（1994）「日本語上級学習者の『が』『は』の使い分けに関する理解度について——単文中で主語をマークする場合」『広島大学留学生センター紀要』4，pp.41-48

角田太作（1991）『世界の言語と日本語——言語類型論から見た日本語』くろしお出版

角田太作（2014）「主語」日本語文法学会編『日本語文法事典』pp.270-272，大修館書店

程遠魏（1999）「第二言語としての日本語の習得に関する考察——格助詞の誤用を中心として」『人間文化学研究集録』8，pp.41-52

寺村秀夫（1982）『日本語のシンタクスと意味Ⅰ』くろしお出版

時枝誠記（1950）『日本文法　口語篇』岩波書店

中嶌容子（2018）「上級日本語学習者の論文に見られる格関係の誤用について」『立命館経営学』56（5），pp.173-188

国立国語研究所（1972）『形容詞の意味・用法の記述的研究』（担当：西尾寅弥）秀英出版

仁田義雄（1997）『日本語文法研究序説——日本語の記述文法を目指して』くろしお出版

仁田義雄（2014）「形容詞」日本語文法学会編『日本語文法事典』pp.182-185，大修館書店

日本語記述文法研究会編（2008）『現代日本語文法6　第11部 複文』くろしお出版

日本語記述文法研究会編（2009a）『現代日本語文法2　第3部 格と構文 第4部 ヴォイス』くろしお出版

日本語記述文法研究会編（2009b）『現代日本語文法5　第9部 とりたて 第10部 主題』くろしお出版

丹羽哲也（2006）『日本語の題目文』和泉書院

丹羽哲也（2014a）「主題」日本語文法学会編『日本語文法事典』pp.280-283，大修館書店

丹羽哲也（2014b）「ハ」日本語文法学会編『日本語文法事典』pp.490-492，大修館書店

丹羽哲也（2014c）「無助詞」日本語文法学会編『日本語文法事典』pp.602-603，大修館書店

野田尚史（1996）『新日本語文法選書1「は」と「が」』くろしお出版

野田尚史（2014a）「主語」日本語文法学会編『日本語文法事典』pp. 272–275，大修館書店
野田尚史（2014b）「主題」日本語文法学会編『日本語文法事典』pp. 278–280，大修館書店
野田尚史（2014c）「ハ」日本語文法学会編『日本語文法事典』pp. 488–490，大修館書店
野田晴美（2014）「疑似独話と読み手意識」石黒圭・橋本行洋編『ひつじ研究叢書〈言語編〉第 122 巻：話し言葉と書き言葉の接点』pp. 57–74，ひつじ書房
野村剛史（2019）『日本語「標準形（スタンダード）」の歴史——話し言葉・書き言葉・表記』講談社
橋本進吉（1931）『新文典：新制版』冨山房
橋本進吉（1934）『国語法要説』明治書院（橋本進吉（1948）『橋本新吉博士著作集 第 2 冊 国語法研究』岩波書店に所収）
橋本進吉（1938）『改制 新文典別記 口語篇』冨山房
橋本進吉（1939）『改制 新文典別記 文語篇』冨山房
長谷川ユリ（1993）「話しことばにおける『無助詞』の機能」『日本語教育』80，pp. 158–168
早津恵美子（2020）「日本語のヴォイス」『語学研究所論集』24，pp. 1–16
肥田栞奈（2019）「中国語母語話者日本語学習者の提題助詞『は』の不使用と過剰使用に関する一考察」『日語偏誤与日語教学研究』4，pp. 147–171
肥田栞奈（2022a）「日本語教育における文法分析の際の次元認識の必要性——中国語母語話者日本語学習者の誤用を中心に」『言語コミュニケーション文化』19（1），pp. 189–204
肥田栞奈（2022b）「『は』と『が』の中心的機能の再考と指導法に関する一考察」『日語偏誤与日語教学研究』7，pp. 153–179
平出昌嗣（2021）『英語と日本語の深層を探る（中）——文法を比較する』開拓社
フィルモア，チャールズ・J（1975）『格文法の原理——言語の意味と構造』（田中春美・船城道雄訳）三省堂
益岡隆志（1987）『命題の文法——日本語文法序説』くろしお出版
松下大三郎（1924）『標準日本文法』紀元社
松下大三郎（1928）『改撰標準日本文法』紀元社
松本克己（2006）『世界言語への視座——歴史言語学と言語類型論』三省堂
三尾砂（1948）『国語法文章論』三省堂
三上章（1952）「主格・主題・主語」『国語学』8，pp. 46–55（三上章（1975）『三上章論文集』くろしお出版に所収）
三上章（1953a）「ハとガの使分け」『語文』8，pp. 20–27（三上章（1975）『三上章論文集』くろしお出版に所収）
三上章（1953b）『現代語法序説——シンタクスの試み』刀江書院（三上章（1972 復刊）『続・現代語法序説——主語廃止論』くろしお出版に所収）
三上章（1958）「主語存置論に反対」『国語国文』27（1），pp. 56–63（三上章（1975）『三上章論文集』くろしお出版に所収）
三上章（1960）『象は鼻が長い』くろしお出版
三上章（1963）『日本語の論理——ハとガ』くろしお出版

三上章（1975）『三上章論文集』くろしお出版
宮島敦子（2015）「日本語学習者の作文から考える日本語の主題／主語の省略」『東京外国語大学留学生日本語教育センター論集』41，pp.185-200
村木新次郎（2012）『ひつじ研究叢書〈言語編〉第 101 巻：日本語の品詞体系とその周辺』ひつじ書房
村木新次郎（2014）「形容詞」日本語文法学会編『日本語文法事典』pp.185-187，大修館書店
森田良行（1971）「文型と助詞 ――『は』『が』の用法を中心に」『講座日本語教育 8』pp.24-52，早稲田大学語学教育研究所
森田良行（2002）『日本語文法の発想』ひつじ書房
八亀裕美（2014）「形容詞文」日本語文法学会編『日本語文法事典』p.189-190，大修館書店
山田孝雄（1936）『日本文法学概論』宝文館
山中桂一（1998）『日本語のかたち ――対照言語学からのアプローチ』東京大学出版会
湯川恭敏（1967）「『主語』に関する考察」『言語研究』51，pp.30-51
Fillmore, C. J. (1971). Some problems for case grammar. In R. J. O'Brien (Ed.), *Report of the twenty-second annual roundtable meeting on linguistics and language studies: No. 24. Monograph series on languages and linguistics* (pp. 35-56). Georgetown University Press.
Li, C. N., & Thompson, S. A. (1976). Subject and Topic: A New Typology of Language. In L. Charles N. (Ed.), *Subject and Topic* (pp. 457-489). Academic Press.

参照教科書・参考書

坂野永理・池田庸子・大野裕・品川恭子・渡嘉敷恭子（2011）『初級日本語 げんきⅠ（第 2 版）』ジャパンタイムズ出版
スリーエーネットワーク（2012）『みんなの日本語初級Ⅰ　第 2 版　本冊』スリーエーネットワーク
友松悦子・福島佐知・中村かおり（2011）『新完全マスター文法 日本語能力試験 N2』スリーエーネットワーク
大连外国语学院日本语学院编（2007）《新大学日本语（第 2 册）》大连理工大学出版社
周平・陈小芬编（2008）《新编日语 1》上海外语教育出版社
彭广陆・守屋三千代主编（2004）《综合日语（第 1 册）》北京大学出版社
彭广陆・守屋三千代主编（2005）《综合日语（第 2 册）》北京大学出版社
彭广陆・守屋三千代主编（2005）《综合日语（第 3 册）》北京大学出版社
彭广陆・守屋三千代主编（2006）《综合日语（第 4 册）》北京大学出版社
皮细庚（1987）《新编日语语法教程》上海外语教育出版社

おわりに

　本書は、2023年に関西学院大学大学院言語コミュニケーション文化研究科より学位を授与された博士学位論文である『日本語教育における「は」と「が」の指導に関する研究——中国語母語話者日本語学習者の誤用を手掛かりに』の内容に、加筆・修正を加えたものである。博士学位論文および本書は、複数の論文を加筆・修正し、まとめ直している。博士学位論文および本書に深く関連する学術雑誌掲載済みの論文は、以下のとおりである。

・肥田栞奈（2019）「中国語母語話者日本語学習者の提題助詞『は』の不使用と過剰使用に関する一考察」『日语偏误与日语教学研究』4, pp. 147–171.
・肥田栞奈（2020）「『NP1 は［NP2 は + NP3 が + X］と V』における『は』と『が』の誤用に関する一考察」『日语偏误与日语教学研究』5, pp. 140–158.
・肥田栞奈（2022）「『は』と『が』の中心的機能の再考と指導法に関する一考察」『日语偏误与日语教学研究』7, pp. 153–179.
・肥田栞奈（2022）「日本語教育における文法分析の際の次元認識の必要性——中国語母語話者日本語学習者の誤用を中心に」『言語コミュニケーション文化』19-1, pp. 189–204.
・肥田栞奈（2023）「選択指定の『は』と焦点特化の『が』——等位的複文における『は』と『が』を対象に」『日语偏误与日语教学研究』8, pp. 75–95.
・肥田栞奈（2024）「『は』と『が』のパラグラフ的構文制約に関する一考察——中国語母語話者日本語学習者の誤用を手掛かりに」『日语偏误与日语教学研究』9, pp. 67–89.

　本書の執筆と研究にあたり、多くの方々よりご指導やご支援を賜った。まず、本書は関西学院大学による「関西学院大学研究叢書」の助成を受け、

刊行されたものである。貴重な機会をいただいたことに深く感謝申し上げたい。また、原著である博士学位論文執筆の段階でも、多くの先生方にご指導いただいた。まずは、学部生時代から8年にわたりご指導いただいた于康教授に感謝の意を伝えたい。于康教授には、学部生時代にゼミに所属して以来、研究とは何かについて一から丁寧にご教授いただいた。特に学部生時代には論理的思考力向上のための訓練や、研究方法やデータの扱い方、先行研究の読み方といった基礎的な面を、修士課程ではデータを基に従来の研究を批判的に分析・考察するといった論文執筆における基本を、そして博士課程では客観的事実を踏まえたうえで分野への貢献を視野に入れた新しい発見を如何に論文として発信すべきかという研究の神髄を、それぞれ懇切丁寧にご指導賜った。また、研究に関する事柄にとどまらず、「人間性第一、学問は第二」というゼミの理念のもと、研究者としての成長だけでなく、人間性を磨くことの重要性についても、大学・大学院生活における様々な面でご教授いただいた。この大学・大学院生活を通して学んだ幾多の教えを糧に、今後の人生を歩んでいきたい所存である。続いて、特に博士学位論文の執筆において、いつも丁寧なご指導と激励を賜った関西学院大学の森本郁代教授と石川圭一教授に厚く御礼申し上げたい。両先生方には博士学位論文の審査の際にも、貴重なご指摘やご意見を頂戴し、大変お世話になった。また、審査に関しては、神戸大学の岸本秀樹教授にも論文をご精読いただき、多くの貴重なご指摘やご意見を賜ったこと、深く感謝申し上げる。さらに、在学中には特に、サンフランシスコ州立大学の南雅彦教授、中国人民大学の張威教授、湖南大学の張佩霞教授、福建師範大学の林璋教授、北京第二外国語学院の熊仁芳教授、中山大学の徐愛紅准教授にもご指導いただき、有益なご助言を賜った。紙幅の関係上、すべての先生方についてここでお名前を挙げることは叶わないものの、これまでお世話になった諸先生方にも御礼申し上げる。

　なお、諸先生方からのご指導やご教示を受けたにもかかわらず、十分な改善に至らなかった本書中の過ちや、ご指導を十分に活かしきれていない箇所に関しては、すべて私自身に責任がある。それらの点については、今後の課題として、機会を改めて取り組んで参りたい所存である。

おわりに

　そのほか、ゼミでは多くの方々との出会いに恵まれ、切磋琢磨するだけでなく、精神的にも支えられた。特に、野村登美子氏、苞山武義氏、向坂卓也氏、朴麗華氏、田中良氏、高山弘子氏をはじめとした諸先輩方および博士課程でお世話になった李坤氏、任霞氏、孫之依氏をはじめとしたゼミ生の方々に心より感謝申し上げたい。さらに、祐伯敦史氏や西阪亮氏を筆頭に、関西学院大学言語コミュニケーション文化研究科の大学院生として日々を共に過ごした院生仲間にも、論文執筆にあたっての貴重なご意見やご助言を賜り、大変お世話になった。

　また、博士課程満期退学後に「奨励研究員」として経済的な面をはじめとした様々な面で援助くださった関西学院大学大学院にも、厚く御礼申し上げたい。さらに、本書の刊行にあたり、関西学院大学出版会の戸坂美果氏と浅香雅代氏には、執筆の前段階から最後まで、あたたかくご指導いただいた。ここに伏して感謝申し上げる。そして最後に、博士課程への進学に理解を示し、支えてくれた家族に感謝の意を伝えたい。

　本書はここに御礼申し上げられなかった方々を含め、多くの方々のご支援により、完成させることができた。お世話になったすべての方々に深く感謝の意を表したい。

　本書のテーマである日本語の「は」と「が」は、これまで長く議論が続いてきた内容で、日本語研究者だけでなく日本語を学ぶ人々にとっても、大きな課題であると認識している。同時に、これまで多くの方々の努力によって少しずつ歩を進めてきた研究でもある。それにもかかわらず、まだ解明に至っていない現状に鑑みても、なかなか一筋縄ではいかないテーマであることがうかがえる。もちろん本書で得られた結論についても同様で、あくまでも1つの通過点に過ぎない。しかし、本書が誰かにとって何らかの足がかりになればと願っている。そして今後も、研究生活の中で日本語に向き合うことを通じて、日本語学や日本語教育に少しでも貢献できるよう精進して参りたい所存である。

2025年3月

肥田　栞奈

索　引

あ

イ形容詞　　53, 56, 67, 68
意味的構文制約　　50, 69
意味役割　　91, 93, 96, 97, 98, 100, 102, 103, 157, 159, 162

か

書き言葉　　104, 105, 112, 113, 115, 116
格　　91, 93, 97, 98
学習難易度　　25, 36
格助詞　　1, 20, 81, 86, 87
過剰使用　　1, 27, 29, 111, 112
化石化　　25, 36
感情・感覚形容詞　　54, 55, 56, 67, 68
形式的構文制約　　32, 34, 37, 40, 42, 47, 49
形容詞　　50, 51, 52, 53, 56, 57, 67
形容動詞　　52, 53
言外の意味　　151, 152, 154, 155, 156, 157, 159, 162
言語転移　　25, 26, 27
語彙的意味　　52, 54, 55
誤用　　23, 24, 25, 27
誤用研究　　3, 4, 26
混用　　1, 27, 29, 58

さ

主格　　9, 11, 13, 19, 21, 22, 161
主語　　1, 5, 9, 11, 18, 19, 22, 31, 145, 147, 148, 149, 161
主語肯定論　　15, 16
主語廃止論　　15, 16
主語優勢言語　　144
主体　　9, 11, 14, 20, 22, 161
主題　　1, 5, 9, 11, 12, 18, 21, 22, 31, 123, 125, 135, 138, 146, 147, 161
主題優勢言語　　144
述語の特性　　150, 154, 157, 158, 159, 162
状態　　55
焦点特化　　131, 134, 135, 136, 137, 151, 158, 159, 162
情報構造　　91, 92, 93, 97, 98, 100, 102, 103
省略　　104, 105, 106, 107, 108, 109, 110, 118
正の転移　　26
選択指定　　133, 134, 135, 136, 137, 138, 151, 158, 159, 162
総記　　31, 123, 126, 127, 131, 135, 137
属性形容詞　　54, 55, 56, 67, 68

た

対比　　31, 118, 123, 125, 126, 135, 138, 152, 156
提題助詞　　1, 27
デフォルト的用法　　56, 61, 67, 68, 69, 150
伝達意図　　131, 132, 133
統語機能　　91, 92, 94, 97, 98, 100
特性　　55

な

ナ形容詞　　53, 56, 68

は

排他　　31, 123, 127, 131, 135, 137, 156
話し言葉　　104, 105, 112, 116
パラグラフ的構文制約　　78, 79, 80, 85, 86, 87
不使用　　1, 27, 29, 57, 58, 111, 113
負の転移　　26
文法化　　154, 155
文法的な機能　　52, 54

ま

無助詞　　104, 105, 106, 107, 108, 109, 110, 111, 116, 117, 118
無標　　　80, 81, 86, 87, 110, 150, 154

や

有標　　　80, 86, 87, 110, 159, 162
有標化　　80, 85, 86, 87

わ

話題転換　85, 86, 87

【著者略歴】

肥田　栞奈（ひだ・かんな）

大阪府出身。関西学院大学国際学部卒業。関西学院大学大学院言語コミュニケーション文化研究科博士課程後期課程修了。博士（言語コミュニケーション文化）。北京第二外国語大学日本語学部日本語教員を経て、2024年より関西学院大学教務機構ライティングセンター助教。専門は日本語学、誤用研究、日本語教育。主要論文に「『は』と『が』の中心的機能の再考と指導法に関する一考察」がある。

関西学院大学研究叢書　第273編

「は」と「が」をどう教えるか
中国語話者の誤用を手がかりに

2025年3月31日初版第一刷発行

著　者　　肥田栞奈

発行者　　田村和彦
発行所　　関西学院大学出版会
所在地　　〒662-0891
　　　　　兵庫県西宮市上ケ原一番町1-155
電　話　　0798-53-7002

印　刷　　株式会社クイックス

©2025 Kanna Hida
Printed in Japan by Kwansei Gakuin University Press
ISBN 978-4-86283-397-6
乱丁・落丁本はお取り替えいたします。
本書の全部または一部を無断で複写・複製することを禁じます。